谨以此书献给我的父亲

他是一个积极思考、有远见、有目标的人。

用克拉伦斯·布丁顿·凯兰（Clarence Budinton Kelland）的话说：

“我父亲没有告诉我如何生活。他只是身体力行，让我亲眼看着他怎样生活。”

你是认真的吗？那就抓住当下时刻。

无论你能做什么，或者你梦想能做什么，立刻开始吧。

胆识将赋予你天赋、能力和神奇的力量。

现在就开始做吧，头脑随后就会亢奋起来。

继续努力，任务必将完成。

《浮士德》(*Faust*)

目标的力量

GOAL MAPPING

[英] 布莱恩·梅恩（Brian Mayne）——著
杨献军——译

四川文艺出版社

图书在版编目（CIP）数据

目标的力量 / (英) 布莱恩 • 梅恩 (Brian Mayne) 著；杨献军译 . -- 成都：四川文艺出版社，2021.1
ISBN 978-7-5411-5863-6

Ⅰ . ①目… Ⅱ . ①布… ②杨… Ⅲ . ①目标管理－通俗读物 Ⅳ . ① C931.2-49

中国版本图书馆 CIP 数据核字 (2020) 第 241012 号

版权登记：图字 21－2020－397 号

MUBIAO DE LILIANG

目标的力量

[英] 布莱恩•梅恩　著
杨献军　译

出品人　张庆宁
选题策划　北京斯坦威图书有限责任公司　斯坦威 STANDWAY
编辑统筹　李佳铌　王　娇
责任编辑　朱　兰　蔡　曦
封面设计　WONDERLAND Book design 仙境 QQ:344581934
责任校对　汪　平

出版发行　四川文艺出版社（成都市槐树街 2 号）
网　　址　www.scwys.com
电　　话　028-86259287（发行部）028-86259303（编辑部）
传　　真　028-86259306

邮寄地址　成都市槐树街 2 号四川文艺出版社邮购部　610031
印　　刷　河北鹏润印刷有限公司
成品尺寸　147mm × 210mm　　开　本　32 开
印　　张　7　　字　数　150 千字
版　　次　2021 年 1 月第一版　　印　次　2021 年 1 月第一次印刷
书　　号　ISBN 978-7-5411-5863-6
定　　价　45.00 元

本书若有质量问题，请与本公司图书销售中心联系调换。电话：010-82561793

序 言

本书讲述的内容帮助成千上万的人改善了他们的生活，实现了他们的梦想。但也许本书最令人惊奇的一点是，我居然成功地写完了它。你看，直到29岁我都不具备正常的读写能力。后来经过一系列奇遇，我发现了完全改变我个人生活各方面状况的奥妙之处。

请允许我向你分享我的故事。我出生在一个流浪艺人家庭，每年在三个不同的地方安家长大：第一个是怀特岛（Isle of Wight），父亲在那里经营他的夏季生意；第二个是我们跟着游艺节商队一起使用的宿营拖车；第三个是希思罗机场（Heathrow Airport）附近，我们把拖车停在那里过冬。

有了这三个不同的家，我就有了三种不同的朋友，三种不同的人生观，至少在两所（有时还是三所）不同的学校上过学。我们不定时搬家，也就意味着我经常在模拟考试期间出现在一所新学校里。老师们普遍认为，我没做过课程作业就参加考试是不公平的。而且，因为我只会待上几个月，然后就再次离开，所以我总是被安排在临时班上：通常是学习制作金属制品或木工制品。我一般每周有15节金属或木工制品课，所以我对这些事情很在行。但在其他方面，比如阅读、写作和算术方面，我没有任何进步。我有阅读障碍，觉得拼写特别难。一些老师付出了很大努力，我的父母也花钱请人给我单独上课，可我就是不开窍。

到14岁时，我已经远远落后于其他孩子。在纠缠了我父亲一段时间后，他允许我离开学校。在那些日子里，流浪艺人家庭的孩子辍学是一种常态，当时人们的普遍看法是：如果你有一点读写能力，知道5颗豆子是多少，就足够了。14岁，确实到了学习生活技能的时候了。

我觉得不上学，然后和父亲一起整天工作很好。在某些方面的确如此，但这样做也很愚蠢。俗话说：不用则废。我本来就没有多少读写能力，一旦离开学校，我不再锻炼所拥有的一点点技能，我就完全失去了它。到18岁时，我的读写能力仍然很差，没有别人帮助，我无法填写表格、寄明信片，甚至不能开支票。

我下定决心，不让这一切妨碍我的生活。我试图通过扩大家族生意来巩固我父亲的成功。19岁时，我开了一家迪斯科舞厅，加入了这个国家拥有经营执照的最年轻者行列。在我哥哥乔治的帮助下，我创办了这家公司，取得了真正的成功，并在俱乐部工作了12年。

在20世纪90年代初，情况发生了巨大变化。迪斯科舞厅被狂欢文化所取代，英国经济陷入衰退，那时我做出了一些不明智的商业决策。在很短的时间内，我失去了一切：我的生意，我的家，我的大部分财产；最后，我的婚姻也破裂了。

我搬回父母家，家族企业进入破产管理程序，负债近100万英镑。我很难面对这样的局面，并深感沮丧。我似乎没有多少机会东山再起，全家人身无分文，父母的住房也面临着被收回的危险。我既无正式的资格证书，也无真正的工作经验，所以我的简历上写不出什么有分量的内容。

回首往事，我现在认为那是一个幸运的时期。为了多挣点钱，我加入了一家销售公司。在那里，我遇到了一个帮助我改变生活的人。他叫迈克·罗斯沃恩（Mike Rosewarn），是一位个人发展领域里的老师。他的座右铭很简单："如果你认为自己行，就一定行；如果你认为不行，肯定不行——无论怎么想，你都是对的。"

这句话我以前听过好几次，我想你也听过。这是一个古老的真理，但这一次，我在寻找答案时听到了它。我是以开放的心态倾听这句话的，并且我深受鼓舞，非常振奋，因为我认为自己可以通过不同的思考来改善生活。最大的不同是，迈克在这句话背后加入了一些很有科学意义的内容，并赋予了它真正的力量。

我后来了解到，每个人都有几十亿个带着手臂状触须（称为树突）的脑细胞，每个树突之间有一个叫作突触缝隙的窄缝。当你有一个想法时，就会触发脑细胞中心（核）的冲动，这个冲动沿着每一个树突运动，寻求与其他树突发生联系，使思想向外传播，形成一种理解的模式或思路。

如果你的想法是积极的，无论是与你的自我、你的生活有关，还是与处境有关，积极冲动就会促使树突末端释放一种叫作血清素的化学物质。血清素能给你带来幸福感和快感，它还起着引导、连

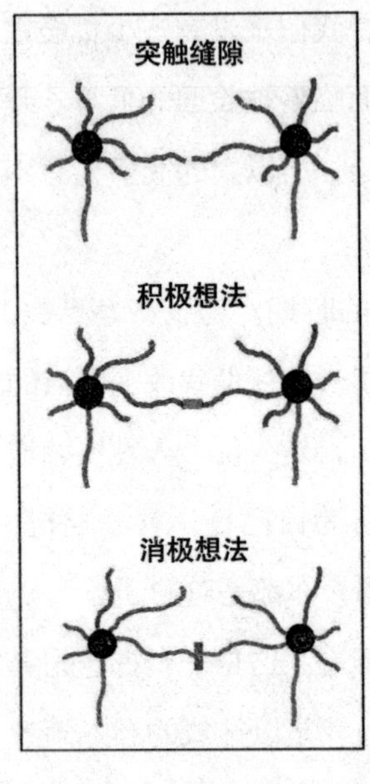

接突触缝隙的作用，让你的思想在途中继续传递。

如果你的想法是消极的，它会使一种叫作皮质醇的化学物质释放出来，而这种化学物质能引发悲伤和抑郁的情绪。它还会起到隔离作用，阻止或限制思想观点的自由传递。

认为“我行”，可以释放化学物质，促使脑细胞相互连接，进而产生“思考的协同效应”，以及各种想法或答案。认为“我不行”，则阻碍思想的自由传递，只会使你看到更多的问题和让你彻底放弃的理由。

因为这个概念似乎过于简单化了，所以经过一点犹豫和自我抵制，我和自己做了一个交易，开始思考在生活中“我行”的一切事情。我把注意力集中在自己的主要目标上：相信我能克服阅读障碍，学会阅读和写作。为此我花了一年时间。

我并没有返回学校去实现我的目标，也没有上夜校。真正的关键是树立“我能行”的信念，并尽可能在实践中身体力行。这个信念在我眼前逐渐清晰起来。在18个月内，我学会了快速阅读。

我经历了巨大变化。很难形容在这么大的年纪，我能学到东西的感觉多么美好。这使我对未来充满希望，也极大地提升了我的自尊心。即使在舞厅办得确实很成功的时候，我也一直觉得自己在某些方面不如别人。当时我认为，因为自己不具备正常的读写能力，所以别人都比我强，我比他们差一截。

获得这种能力就像得到了一把让我出狱的钥匙。我对阅读产生了热情，对知识产生了渴望，我每周至少要读一本书。我非常感激最新获得的这种阅读与写作能力，所以我决定把阅读的重点放在对我帮助最大的领域：个人发展和自我完善。我迷上了大脑和思想，迷上了如何助力开发它们，最大限度地发挥自己的潜能。

我把所学到的一切都应用到自己身上，然后和朋友们分享。我生活的每一个领域都开始有了起色，其中最容易衡量进步的领域是我的工作。我的工作成效迅速提升，很多人都想知道我正在做什么来改变自己的现状。我逐渐开始给别人做咨询。

从那往后，我很快定期举办“个人领导力讲座”，借此同大家分享那些对我的生活产生如此巨大影响的各种想法。尤其是想和大家分享我开发的，可以帮助人们实现神奇梦想的方法：目标规划法。

我与世界各地的学校、企业和公众团体中的数万学员，分享过这种可以实现一个人的梦想和雄心壮志的有效方法。

现在，我很高兴与你分享目标规划法与成功原则。希望本书能帮助你实现自己的愿望。

愿爱、光明和欢笑永远与你相伴。

布莱恩·梅恩

目　录

第一部分　升级目标认知

第二部分　掌控目标规划

导言：目标通往成功

学会在生活的各个领域成就最好的自己，实现最美好的心愿，世界将属于你。

我们天生都是想象力和创造力的大师，每个人都在不断地产生各种想法或有所创造。有时，我们表现出自己渴望的事物，有时表现出自己害怕的事物；有时我们有意识地创造，有时无意识地创造，但我们总是在创造。

个人成功与通往真正持久幸福之路的关键，在于学会树立并持有一种积极想法的能力，从而培养有意识的愿望，而不是无意识的恐惧。

在每一代人以及每一种文化中，总是有一小部分人理解并运用创造的自然法则来表现他们的愿望。任何一本讲述人们在世界任何地区走向成功的秘诀的著作，都会包含树立目标、确立意图、有意识地展现自我等类似内容。这些原则源自最古老的智慧。

尽管这种将思想转化为现实的永恒智慧从来不是秘密，但我们在日常视野中却看不到它的本质精髓。因此，必须有人将其挖掘宇宙别无选择，只能将你对它的认识直接展现出来。

尼尔·唐纳德·沃尔什

(Neale Donald Walsch)

因为熟悉与简单，我们反而看不到事物最重要的方面。

路德维希·维特根斯坦

(Ludwig Wittgenstein)

出来，展现给每一个为成功而努力奋斗的人。

有两个印度圣徒坐在一起观看拥挤的集市景象。其中一个圣徒说："看看这里的人。所有人的包里都有钱，但是他们不知道如何解开心结，所以他们是穷人。"

在我几乎失去一切的时候，我却有了人生中最大的醒悟：我，就像世界上其他人一样，已经极为成功了。我要做的就是找出精神和情感的契合点，使我释放自己的潜能，从而创造出更多我真心想要的东西，舍弃一些我不想要的东西。

如果我们能做的事情都已经做过了，那真会把自己都吓到。

托马斯·爱迪生

(Thomas Edison)

询问，你就会得到；寻找，你就会发现；敲门，门就会为你打开。

《圣经·马太福音》

(*Matthew* 7:7)

成功的本质

宇宙和其中的一切都是成功的，包括你自己。

成功是遵循创造过程的规律和原则产生的必然结果。整个生命本身就是一种成功，也许最伟大的成功是不断被探索的宇宙，每个活着的实体均可被视为"赢家"。

作为人类，我们衡量成功的依据往往不是我们的生命或实际存在（很多人对此习以为常），而是我们的个人成就或物质欲望，即我们想要得到的具体利益。

成功对你意味着什么？是否意味着在经济上获得财富，成就事业，拥有漂亮的住房、汽车、船，或者去享受美妙的假期？成功意味着拥有一个美好家庭、一个好朋友，还是一段浪漫关系？也许成功意味着受到朋友、家人和同事的尊重。成功在不同的时候对不同的人有不同的含义，有多少渴望成功的人，就有多少不同的成功定义。

我认为真正的成功取决于三个核心价值观的平衡：幸福、心态平和以及丰富的经验。无论具体生活道路是怎样的，每个人想要得到的最终结果是拥有幸福、保持心态平和与富足的生活。

物质富足或充足，就像成功本身一样，关系到每一个人。从本质上说，它只是意味着你拥有“足够的”财富。对我来说足够了，也许对你来说却不够；反之亦然。但只要你拥有足够的财富，就意味着你不再贫穷。

不一定非得有钱才能称得起富足。这与其说是物质尺度，倒不如说是精神面貌。若算起物质财富的话，我的一些朋友确实没有什么值钱的东西，但是就他们选择的生活方式而言，他们称得上是富足的，他们也有平和的心态，并且对自己的生活感到幸福。所以我说他们是真正成功的人。

> 幸福不是偶然的，也不是你希望的那样。幸福是你设计的结果。
>
> 吉姆·罗恩
> (Jim Rohn)

> 知人者智，自知者明；胜人者有力，自胜者强。
>
> 老子

相比之下，有些人可能十分富有，但内心极度痛苦，他们的物质成就对他们来说意义不大。无论你在生活中能取得什么成就，若没有幸福和内心安宁，你的成就很快就会开始变味，不让你称心如意。感觉幸福，就像心态平和、生活富足一样，是一种需要加以研究、学习，需要为之努力奋斗并最终拥有的人生状态。

成功有明确目的

持久的成功绝非偶然，而是有明确目的，是采取成功行动、思考成功方法的人得到的必然结果。

我经常听到这样的说法：那些获得真正持久的成功、幸福、内心安宁和富足生活的人，在某种程度上是幸运的，因为他们出生在一个好家庭，一开始就很顺利，受过良好教育，建立了有利的人脉网，从而工作或事业一帆风顺，颇有成绩。我同意上述任何一条都是绝对的优势，但事实是如果你研究历史，你会发现许多名垂千古的伟人也有着极为卑微的起点。

◆ 亚伯拉罕·林肯（Abraham Lincoln）出生在赤贫之家，一生只接受过三个月的正规教育。他克服了各种极大的困难，最后成为美国总统。

- 托马斯·爱迪生是20世纪最多产的发明家。他也仅仅受过三个月的正规教育，没有接受过科学训练，但是却获得了1200多项不同的发明专利。
- 英国的J. K. 罗琳（J. K. Rowling）是当今世界最富有的女性之一。但是她在写第一本《哈利·波特》（*Harry Potter*）的时候，却是一位生活困难、靠政府救济的单身妈妈。

还有成千上万的人白手起家，靠着坚定意志和不懈努力，有所创造。相比之下，拿起报纸、打开电视或收听广播，你会发现一个人的最新故事：他一出生就享有各种特权，一开始便拥有全部物质优势，但未能吸取失败者的教训，最终失去了一切。

> 财富是一个人思考能力的产物。
>
> 艾茵·兰德
> （Ayn Rand）
>
> 大多数人都在到处寻找成功的关键。却不知道，他们实现梦想的关键就在内心。
>
> 乔治·华盛顿·卡弗
> （George Washington Carver）

所有这些表明，成功不是偶然的，成功是有原因的，有着明确目的。许多人认为成功在很大程度上依靠运气，就像中彩票一样，但运气只涉及昙花一现型的成功。真正的成功不是静态的，而是一直变动不居，就像流动的河水一样。如果中奖者不吸取成功的经验教训，很快就会败光赢来的钱。

令人惊奇的是，许多运气好的人不会吸取成功的经验教训，结果反而混得更糟。

在认识成功以及我觉得非常鼓舞人心的一面时，有一点极为重要，那就是持久的成功是有原因的。这意味着有一个法则：凡是想要取得成功的人都可以学习掌握、重复、享用这个法则。

成功的法则

学习创造的自然规律，并与之和谐相处，就像破解密码后，打开你的个人潜能百宝箱一样。

> 我们这一代人最伟大的发现是，人可以通过改变自己的心态来改变自己的生活。
>
> 威廉·詹姆斯（William James）
>
> 创造的过程始于想法——一个主意，概念或想象。
>
> 你看到的一切都曾经是别人的主意。在你的世界中，没有任何事物最初不是作为纯粹思想而存在的。
>
> 尼尔·唐纳德·沃尔什

我们生活在一个受基本定律支配的物质世界里，如万有引力定律和运动定律。在所有这些规律当中，最重要的是因果定律，它表明没有偶然发生的事情。世界上发生的事情都是结果，是由具体原因触发造成的。

当我们将因果定律应用到生活中时，它说明了我们所经历的各种情况，即结果，往往是由我们的行为引起或受其影响。如果我们继续逆着这个链条查下去，最终的原因则是我们的想法。

成功人士思考成功的想法，这意味着他们不断地启动成功的动因，就像种子生根发芽一样，最终大有收获，无论是在他们的人际关系中，还是事业或生活中，他们都是这样。成功人士也思考成功的过程，他们形成了一种成功的心态，即使是失败也被视为实现长期成功过程的中间环节。

当爱迪生试图对电灯进行改进时，他早已因其他发明而闻名遐迩。一天，一位记者在采访他时说："爱迪生先生，你发明电灯的努力已经失败了5000多次，你现在还不放弃这种愚蠢的做法吗？"爱迪生回答说："年轻人，你不了解世界的运行方式。我没有失败5000次，我反而成功地看清了5000条行不通的道路，这使我离成功又近了5000倍。"

托马斯·爱迪生做了一万多个实验，最终制造出碳纤维灯丝，奠定了我们当今照明工业的基础。

从失败走向成功

每个人在人生的某个时刻都会经历失败，而且成功人士比大多数人更能体会到这一点。

成功人士和非成功人士的一大区别是，成功人士汲取了重要的人生经验教训，并没有将失败视为阻止他们前进的死胡同。相反，他们认为这是学习的机会，是有助于指出正确前进道路的路标。

> 我并不气馁，因为每一个失败的尝试都是向前迈进了一步。
>
> 托马斯·爱迪生
>
> 从某种意义上说，失败是通往成功的捷径。
>
> 约翰·济慈
> (John Keats)

生活中有些事情只有先错，然后才能做对。这是我们生来就具备的一种学习策略，叫作“试错法”。在我看着小女儿学习走路的几个月里，她在努力过程中摔倒很多次，但她从来没有把摔倒视为失败从而放弃努力。她下意识地认识到，摔倒是她掌握走路技巧的必要环节。

作为成年人，我们往往会忽视这一重要的经验教训，反而会被消极情绪所困扰，有时甚至产生对失败的恐惧。大多数人的社会观点是，失败是消极无益的，失败在某种程度上使你成为一个坏人。

我在 17 岁那年参加驾照考试的时候，第一次尝到了害怕失败的滋味。考试前一天晚上，我对所有的同学说，第二天我要开车带他们去兜风。但结果我没有通过考试，后来不得不面对他们的哄笑嘲弄。我第二次考试前又犯了老毛病，再次告诉朋友们我随后会开车去接他们，但那次考试我仍然没有通过。他们哄笑得更起劲，我也感到更加心痛。第三次考试我没有告诉任何人，因为我不想再次经历失败的痛苦、遭到他们的嘲弄。第三次考试我终于通过了。回过头来看，从前两次所谓的“失败”中获得的经验最终帮助我在第三次考试中取得了成功。

失败的耻辱感通常非常强烈，会使人怨天尤人，而不是正视自己、承认自己本可以做得更好。这使他们无法清楚地看到自己的经验，无法正确认识自己，结果不能有所收获。这反过来又可能使他们在以后的生活中重蹈覆辙。

通常情况下，人们在尝试一次不起作用后，可能会尝试第二次。但是尝试第三次的人并不多见，而且大多数人在尝试第三次时不会告诉任何人，生怕失败。一般来说，人们在自己看到局限性和挫折后感到失望，心烦意乱，他们往往需要很长时间才能从失败中吸取教训，重新获得动力，再次打起精神，奋起直追。将这个缓慢的过程乘以真正成功生活需要学习的课程数量，时间跨度就会变得很大。

> 平静的大海不能造就熟练的水手。
>
> 英国谚语
>
> 衡量成功的标准不是你是否有一个棘手的问题要处理，而是它是否和你去年遇到的问题一样。
>
> 约翰·福斯特·杜勒斯
> (John Foster Dulles)
>
> 失败等于是每天都重复一些判断错误。
>
> 吉姆·罗恩

古语说：“年华易逝，开悟太晚。”当大多数人想清楚应该如何成功经营自己的人生的时候，他们觉得自己的一生似乎快要结束了。有些人害怕失败，意志消沉，根本不想尝试任何新事物。他们慢慢地退到一个不断缩小的舒适区，停滞不前，懒惰的理由反而越来越多。

相比之下，真正成功的人士，虽然并非每次尝试都能成功，但他们把任何失败都看作要吸取的教训、要改正的性格缺陷，看作将来要避免的陷阱。在一个成功人士眼里，失败既不是消极的，也不是永久的，而是能够对今后的成功提供有价值的信息。只要你吸取教训，再尝试一次，失败便会转瞬即逝；放弃才是永远的痛。

心态决定一切

你认为自己行，你准行；你认为不行，你肯定不行。无论怎样，你都会证明自己是对的。

把失败看作是绊脚石还是跳板，这取决于你如何开动脑筋思考问题。也许我们人类的最大自由就是：我们每个人，无论身体状况如何，始终能够自由地思想。

> 跌倒了并不是失败；拒绝爬起来才是失败。
>
> 佚名
>
> 但愿少时也明事理，老时力也从心。
>
> 亨利·埃斯蒂安（Henri Estienne）

你的每一个想法都是一个启动的原因，总会产生一种结果。你不断重复的想法往往会逐渐成为主导思想，最终被你的潜意识接受为真理。这些想法渐渐成为习惯性的想法，因此潜移默化地产生影响。简而言之，它们会成为你的信念。

任何性质的信念都是一种不假思索的思维方式，它产生于对特定情况或外在刺激因素做出的反应。有时候你的信念是积极的，对你有利；有时你的信念是消极的，对你不利。无论信念是积极的还是消极的，如果你毫无疑问地接受它们，那么它们对你来说就是真理。

我在成长的过程中曾经形成并抱有这样一个不利的信念：我有阅读障碍，永远不会掌握良好的读写技能。我的这个信念支持并延续着这一事实。直到我长大成人认识到积极思考的力量，认识到它与信念的关系后，我才开始质疑起自己的那种自我限制的观念，代之以催人奋进的积极信念。当时我在克服阅读困难的道路上迈出了第一步。

了解我的潜意识运作方式，了解如何通过树立目标使潜意识为成功助力，这对于我实现上述目标与其他目标具有特别重要的意义。

神奇的潜意识

你的潜意识好像是最神奇的仆人，等待着执行你的大脑有意识发出的目标或指令。

想象一下你的大脑像一台电脑。你的清醒意识可以比作正面的屏幕，而你的潜意识就像内部控制程序，无法直接看到。意识和潜意识都驱动着你在屏幕上看到的内容。

关于大脑如何工作的新发现几乎每天都有。现在可以肯定的是，人们的潜意识非常强大，它可以做出一些医生和科万法惟心造，诸相由心生。

佛陀

每当我们思考、感觉，每当我们行使自己的意志时，我们都是在播种。

肯尼斯·柯普兰（Kenneth Copeland）

照你的信心，给你成全了。

《圣经·马太福音》8:13

他们行，因为他们认为自己能行。

维吉尔（Virgil）

你的内心是一片神圣的围场，没有你的允许，任何有害的东西均无法侵入。

拉尔夫·沃尔多·爱默生（Ralph Waldo Emerson）

学家仍然不完全理解的事情，而大多数人永远不会正确利用这一点。无论是醒着还是睡着，潜意识每天24小时不停地工作，它的主要功能是保持你的健康，满足你的每一个需要。意识与潜意识共同形成了一种独特的合作关系。意识就像船长，负责确定方向并发出指令，而潜意识则像船员，必须服从船长的指令。虽然潜意识神通广大，但它无法发挥质疑或作出判断这样的重要作用。也就是说，它无法确定某件事对你来说是对还是错，是好还是坏，是真还是假。这项任务仍然是具有质疑功能的意识所承担的责任。

发号施令，指挥船员

你的潜意识会跟着你指出的方向走。

意识这位船长，主要通过你的各种想法同潜意识“船员”进行沟通交流。你的每一个想法都是潜意识应该执行的目标或指令。你经常重复的想法，以及那些与最强烈情绪有关的各种想法，则成为你的主导思想，成为潜意识服从的重要指令。

你是否有过这样的经历：上了车先决定开往一个地方，后来在到达目的地时，路途中的大部分情形却都不记得了？这种常见的现象之所以出现，是因为当你考虑选择目的地时，你的潜意识服从你的指令，而你的清醒意识却在旅途中思考其他事情。事实上，你的潜意识在生活和日常活动的各个方面，都指导着你开车或做事的90%的过程。

> 限制存在于心里。只要你认为自己能做什么事，你就能够做到——只要你真的百分之百相信。
>
> 阿诺德·施瓦辛格
>
> (Annold Schwarzengger)

大多数人很少停下来深入思考这个问题；相反，他们认为这是理所当然的，在潜意识的影响下度过一生。然而，理解下面这一点至关重要：你的潜意识好像一个导弹系统，始终在寻找目标。如果你不给潜意识发出明确指令，表明你的人生走向，那么它只会将你的主导思想选作目标，自动采取行动。

再回到驾驶这个问题上。也许像很多人一样，你也有过这样的经历：上车后要前往某地，但是却没有考虑清楚或想好究竟要去哪里。结果，潜意识没有按着你的需要负责转弯，只是执行着以往的主导路线指令——这是一条让你牢记不忘的行车线路。虽然这令人恼火也浪费时间，但对许多人来说，更为不利的是，一贯占主导地位的思想不会使他们取得积极结果，反倒让他们担心害怕。

如果经常把注意力集中在自己不希望发生的事情上，比如没有足够的钱付账单，和你爱的人分手，生病、发脾气等等，你的潜意识在无法做出价值判断的情况下，只能将你脑海中的画面作为要实现的目标，并开始努力追求这个目标。反复出现的消极想法会使潜意识带你陷入一种自我破坏的境地。大多数人由于把精神和情感上的精力花费在思考失败上，因此大大削弱了他们自身的力量。

有的人认为自己成功，有的人认为自己失败。他们之间的主要区别在于成功人士全神贯注于他们想要的东西，爆发出巨大的个人能量，而不是成天担惊受怕，心烦意乱，意志消沉。

设定目标的艺术

坚守自己的想法，将它变成自己的目标。

任何性质的成就，无论大小，最先总有一个目标。设定目标是一种非常重要的生活技能，因为它可以使我们获得其他技能或能力。我们每个人天生都会设定目标。简而言之，设定目标是我们大脑的主要功能。我们的意识通过一个想法设定目标，而潜意识执行指令，努力实现目标。成功人士有意识或无意识地学习把这种天生的心理能力发展成为取得个人成就的有力工具。

历史告诉我们，各种各样的人如果学会集中精力，利用自己的动机，通过有明确目的的行动坚守自己的愿景，他们就会取得各种各样令人惊奇的成就。获得这种心态和生存方式的关键是设定目标。

在汉尼拔（Hannibal）于公元前218年越过阿尔卑斯山之前，他就设定了这样的行动目标；在爱因斯坦发现相对论之前，他设定了寻找相对论的目标；在伟大的艺术家创作任何形式的杰作之前，这个目标首先在他们的脑海中形成。

提高正确设定目标的能力是未来成功的基础，有意识地设定目标是一种简单而深刻的心态与思维方式。设定目标不仅仅是一个方案，更是一个形成习惯的自律体系，随着时间的推移，它又升华为一种人生态度。很多人会意识到设定目标是必要的，而且有些人也有意识地尝试设定目标。但是很少有人会掌握正确设定目标的本领，或者意识不到为何设定目标会起作用的自然原因和心理原因。

疑惑是一种背叛，使我们遇事畏缩，输掉本可赢得的好事。

威廉·莎士比亚
（William Shakespeare）

关于所有的积极创造行为，有一个基本真理：当一个人明确地承诺自己的时候，上天也会相助。

W. H. 默里
（W.H. Murray）

有目标的人会获得成功，因为他们知道自己要去哪里……就这么简单。

厄尔·南丁格尔
（Earl Nightingale）

耶鲁大学调查结果

1953年，耶鲁大学对毕业生进行了一项调查。结果显示，全班只有4%的学生为自己的未来设定了明确目标。20年后，对1953年毕业班的成员再次进行了采访。调查发现，那些设定目标的4%的学生在经济方面（这是最容易衡量的价值）积累的财富价值比其余96%的同学加在一起的还要多。遗憾的是，无论背景如何，总人口中只有大约3%~4%的人设定了奋斗目标，并为之践行，而95%的人（几乎与那些没有设定目标的人相同）退休后依靠他人。这可能不是巧合——无论这意味着依赖家庭、朋友、慈善机构、公司，还是国家养老金，只有5%的人口退休有足够的个人资源来养活自己：大约2%的人继承了财富；另外3%~4%的人是白手起家，他们曾经为自己设定了明确的奋斗目标。

> 我梦见我的画作，然后描绘我的梦境。
>
> 文森特·梵·高（Vicent Van Gough）
>
> 登高志远。
>
> 你的目标是天空；你遥望的是星辰。
>
> 威廉斯学院（Williams College）校训

请不要误以为设定目标只是为了物质或经济利益。设定目标是我们大脑工作的自然方式，这意味着，如果我们想要充分发挥潜能，过上最好的生活，我们生活的每一个领域和方面都需要以目标为导向。

每次你有了一个想法并做出行动决定，你都是在设定目标。比如“我把活干完后就休息一下”，或者“做完家务后喝杯咖啡”，都是轻松设定目标的实例。这是一个有意识地做出决定并设定目标的过程。如果有必要的话，还会延迟满足，直到目标实现。今天早上起床是你已经实现的目标；上班、上学或待在家里是一个目标；读这本书也是一个目标。如前所述，你一直坚持的任何想法都会自动成为潜意识服从的目标。实现目标不一定是目标设定过程中最重要的因素，但你首先得有一个能带来最大利益的目标。有理由在早晨起床并努力工作，是使生活体验变得有价值的一个主要方面。为了追求一个目标，你必须以某种方式成长为一个特定的人。正是这种成长——成为最好的你——最终创造出最佳的人生境况。

> 为未来做好计划，因为那是你下半辈子要去的地方。
>
> 马克·吐温（Mark Twain）
>
> 说到目标，最重要的是要有一个。
>
> 杰弗里·F. 阿伯特（Geoffry F.Abert）
>
> 你必须有勇气赌你的理想，有准备地冒险，并采取行动。如果希望生活高效并带来幸福，那么日常生活就需要勇气。
>
> 麦克斯威尔·马尔茨

我能正确阅读的第一批书中包括麦克斯威尔·马尔茨（Maxwell Maltz）的《心理控制术》（*Psycho-Cybernetics*），他在书中说了一句令我印象非常深刻的话：“在情感上，我们被设计成一辆自行车——如果我们不朝着某个方向前进，就会失去平衡，然后摔倒。”

人生道路上总会碰到障碍，它们只是旅程的一部分。如果你在骑自行车时保持一定的冲力，尽管可能有点颠簸，但你总会以某种方式越过障碍。然而，如果你的生活没有动力，如果你没有任何目标，也没有任何令人信服的人生理由，那么，在你的人生道路上，最轻微的一点挫折就足以使你翻身落马，重重摔在地上。有了目标，就等于有了前进方向和动机——它给你动力，帮助你保持平衡，保持前进动力。你越是在意自己真正想去的地方（你的生活方向），在意你为什么想去那里（你的主要原因），你就越会向往那里，奔向那里。

想象一个画面

我们既有语言思维，也有形象思维。

目标图景在我的脑海中瞬间形成。一天深夜，我在开车的时候突然灵光闪现，有所醒悟。我一直在问自己："为什么有些人在实现目标方面比其他人成功得多？什么是最适合大多数人的目标设定方法？"

刹那间我明白了：目标规划就是这个问题的答案。我花了将近一年时间才以培训计划的形式将这一瞬间的醒悟体会写在纸上。我立刻明白了，目标规划的一个主要方面和动力来源是其图文并茂的对应显示结构，这有助于激活整个大脑。

我们每个人的大脑都具有两面性。左脑（负责逻辑思维）主要用语言来思考，而目标图上的词语则帮助我们参与逻辑思维过程，清晰准确地展现我们的目标。右脑（负责创造性思维）多用形象思维，与我们的潜意识联系更紧密。通过平衡并综合运用文字与图像，目标图有助于调动逻辑思维和创造性思维、意识和潜意识，使大脑两侧都得到运用。

近年来，人们在理解大脑方面取得了巨大进展。一些关于神经可塑性的研究表明，大脑非常灵活，如果一个区域受损，另一个区域可以重新建立连接，加以补偿。我们大脑的这种“重组”并不是自动发生的，而是目的明确，有意为之。例如，有的人在中风后便以学会重新说话或走路为目标。正是这种意图或目标刺激大脑细胞建立新的联系。

我们每个人的大脑分为左脑与右脑两部分，每一部分都有一个主要特征。左脑具有更强的逻辑性分析能力与数学能力，通过语言进行思考；右脑通常更倾向于移情、横向联想与直觉，还有形象思维。关于大脑的哪一面在支配某些功能方面发挥主要作用，科学研究将会不断有新的发现。但重要的是逻辑思维和创造思维的结合是我们行动高效的原因，也是天才的标志。形成目标图的过

> 有效设定目标的秘诀是设定明确目标，把它们写下来，然后一天几次专注于它们……好像我们已经实现了目标。
>
> 丹尼斯·魏特利
>
> （Denis Waitley）
>
> 当一种新思想的时代到来时，任何军队都抵御不了。
>
> 维克多·雨果
>
> （Victor Hugo）
>
> 你可以决定你想要什么，也可以决定你的主要目标、次要目标和目的地。
>
> W. 克莱门特·斯通
>
> （W.Clement Stone）

程是将这两种思维品质结合在一起，需要文字与图像、逻辑与创造性、思维与感觉的互动平衡。

目标规划技巧

古老的智慧加上科学的理解，可以产生真正的力量。

设定目标的技巧已经发展了几千年，源于深奥且神秘的古老教义，这些技巧最初只传授给少数特权阶层人士，因为他们提倡自决和有意识发展的概念。这些原则后来被纳入了在世界上广为流传，并为大众所运用的各种自助体系当中。每个新的目标设定方法均试图比上一个更有效、更强大。随着人类对思维活动的认识不断提高，各种目标设定方案的效力和影响也随之增强。

然而，无论个人具体情况如何，任何设定目标技巧的核心效果均取决于你能够将有意识选择的目标与你的潜意识联系起来，以一种足够强大的方式让潜意识接受你的目标，将其作为追求执行的主导指令，帮助你朝着目标前进。在过去一个世纪里，专家们建议不断将目标写下来再修改，一行接一行，日复一日地写下去。这种方法对某些人确实有效，但大多数人觉得它太无聊、太费时，而且在很大程度上是无效的。因此，绝大多数人早在他们的潜意识收到新的支配指令或目标之前就放弃了。此外，语言对潜意识的影响非常有限。

近年来，我们在理解如何学习方面有了重大突破。这些都清楚地表明了古代理论早已道出的理念：通往潜意识的主要途径不是通过主要进行语言思维的左脑，而是通过主要进行形象思维的右脑。

这种认识导致了梦想板或视觉板的流行，因为它们对图像的使用确实有助于控制潜意识。但有些梦想板或视觉板的挑战和局限是，它们只有图像，没有文字。没有文字，目标往往不明确，因此也就没有明确的行动计划。但目标规划运用图文并茂的独特形式来激活左脑与右脑：文字使意识清晰，图像则给潜意识下达指令。目标规划将传统的有效设定目标原则同先进的学习策略结合在一起，刺激整个大脑活动，利用一些必要的内在因素进行有意识创造。自 1994 年开始，目标规划法便运用于商业、体育、教育等各种领域当中。

> 我们是什么、在哪里，决定着我们的境界，因为我们首先这样想象过了。
>
> 唐纳德·柯蒂斯
> (Donald Curtis)

> 你想让自己的生活“腾飞”吗？立刻想象它是你想要的那个样子——然后进入这个阶段。检查每一个与之不协调的思想、言语和行动，摆脱它们。
>
> 尼尔·唐纳德·沃尔什

本书中关于目标规划的七个步骤将通过考虑何事、为何、何时、如何以及谁将帮助你前进这些因素来引导你走向成功。目标规划使每个人都经过明确目标、确定动机与致力于行动的过程，通过创建自己的“目标图”可以捕获文字和没有什么能阻止有着良好心态的人实现自己的目标；世上也没有什么能帮助心态不正的人。

托马斯·杰斐逊

（Thomas Jefferson）

一知半解，甚是危险。如不痛饮，莫尝诗泉。浅尝辄止，麻痹头脑。开怀畅饮，方能清醒。

亚历山大·蒲柏

（Alexander Pope）

图像中的有效信息，从而将其清晰地传达给你的潜意识“自动驾驶仪”。你完成的目标图将成为你未来成功的蓝图。无论你是否知道从生活中要得到什么，但是如果你知道你想要的是不同的东西，想要重点关注你的未来，那么现在就继续跟着我前行，踏上探索具有创造性、逻辑性以及明确规划目标的旅程。

如何从本书中收益最大

本书接下来要讲的内容相当于一本帮助人们有意识地取得成就的指导手册——如何创造培养并“展现”你真实心愿的能力。这些内容解释了基于自然法则、普遍适用的成功哲学；这样的哲学在历史上的古代智慧学说中早有记载，并得到当代动机理论的认可。

成功的普遍原则建立在目标规划的基础上，而目标规划的七个步骤（第六章）本身是完整的，也是获得成功的七个基本技巧。理解目标表现法则（第四章）可以让你与它们协同工作，进一步增强目标图的有效性。

我强烈建议你一开始就创建自己的目标图。请访问我的网站 www.goalmapping.com，免费注册，按照简单的视频说明在线创建目标图，也可下载打印模板，在纸上绘制目标图。两种做法均有益处。跟随你的直觉，走上开始探索旅程的最佳途径。

拥有在线目标图的诸多益处之一是，可以快捷轻松地对其内容进行更改。在通读本书时，你会产生一些新想法、新见解。当你朝着自己的目标前进时，会不断确定新的行动，更新行动方案。当你定期审视确定你当前的处境时，在线目标便会焕发活力。尽管在纸面上也可以做到这一点，但是每次要重画目标图时，却无法像在线操作那样有效。如果你像我一样喜欢画画，那么我建议你两者都用。现在我仍然将自己的一些目标绘成图，然后将图传到我的在线目标图上，这样我便可以经常灵活地充实在线目标图的内容。

现在，开始创建你的第一个目标图，然后继续阅读本书。当你有新的见解时，更新你的目标图内容。一旦你有了自己的第一份目标图，我建议你继续创建更多的目标图，突出你的生活重点以及你要寻求实现的各个项目的重点。

准备开始你的内心旅程

在你进一步深入探索，去创建你的目标图之前，我有一个简单却重要的要求，它有助于你取得最佳进展：在你的头脑中培养一点可能性意识。

可能性意识

我们有意识的头脑总是在质疑、评估，并根据我们当前的观点与信念选择信息。虽然这通常是生活中的一大益处，但它也可能是一个巨大缺陷。这是因为，如果你预先判断所接收到的信息，认为它与实际无关，你可能会过滤掉有价值的部分，遗漏一些非常重要的内容。

因此，我请求你在头脑中为可能性创造一个空间，将你在本书中读到的所有信息、想法、原则和概念放在这个空间里。

读完本书，你能够心明眼亮，有效判断你得到的信息，并且目标规划技巧会使你受益，收获巨大。祝你旅途愉快。

第一部分

升级目标认知

· 第一章 ·

人生是一个目标

所有的生命都有一个目标——它是进化的动力，是发展壮大的冲动。

造物中的一切，无论是动物、矿物还是植物，都有生存、前进和茁壮成长的自然冲动。这是我们的内在目的和内在目标。这一目标被称为进化目标，是动物在本能驱使下预先设定的：生存的需要。但人类拥有的不仅仅是本能，我们还拥有智慧和直觉，决定着我们的思维、习惯和行动。也就是说，我们可以自由地为自己选择进化目标。

宇宙万物都处在进化过程中，全部以生存为目标。自然界的目标和进化的动力一直向前发展，将微观粒子、原子和分子聚集在一起，将它们组织成更高、更复杂的结构和生命形式。自然界的当前目标是发展壮大：从单个原子发展到整个太阳系，从单细胞变形虫发展到拥有数十亿细胞的斑马。

> 在我看来，最令人鼓舞的事实莫过于人类具有质疑的能力，能通过有意识的努力来提升自己的生活境界。
>
> 亨利·大卫·梭罗
>
> (Henry David Thoreau)

人类也是自然的一部分，这意味着我们每个人都有这种进化变化的原始冲动。不断前进、发展壮大的自然欲望，早已深深融入我们的身心当中。从我们进入这个世界的那一刻起，这股动力就在发挥作用，使我们步履矫健，也增强了我们探索的动力。我们和其他所有感受到这股力量的生命之间的最大区别在于，我们有选择进化动力方向的自由意志。

人类天赋：选择反应，明确目标

我们是自身创造过程有意识的共同创造者——我们的自由意志反映了我们的神性。

我相信人类拥有的最大天赋是，每个人都有自己的反应能力，能够在生活中选择自己的反应，因此可以自由选择自己的目标，明确自己的方向，确立自己的目的。

然而，我经常遇到忽视这一伟大天赋、忽视这一神圣权利的人。他们当中有些人从未找时间坐下来思考自己真正想要什么，还有些人不相信自己有什么力量，无法控制自己的生活与环境。很多人似乎一想到设定目标就感到害怕，甚至厌恶，也许是因为他们深受如下错误观念的影响：认为金钱和物质上的成功在某种程度上是错误的，或者认为过度成功发达是“不道德的”。我偶尔会遇到一些这样的人：他们害怕任何形式的财富或富足。然而，我很少遇到要刻意混得比现在更糟的人。

> 我们生来就是要彰显上帝的荣耀。
>
> 它不仅存在于我们中的某些人身上，也存在于每个人身上。
>
> 玛丽安·威尔艾姆森（Marianne Williamson）

> 我们是协同上帝的共同创造者，而不是被动等待事情发生的木偶。
>
> 利奥·布思（Leo Booth）

在生活中倒退的感觉，类似于精神和情绪崩溃、身体衰退或疲劳的感觉。它与生命和进化的驱动力背道而驰。正如我的好朋友——伟大演说家托尼·威尔逊（Tony Wilson）所说的那样：“自然界只有两种真正的状态，绿色的生长状态和成熟后的腐烂状态，你可以选择你想要的状态。”

根据我的经验，每个头脑正常的人都希望他们处于绿色的生长状态，今天比去年更进步，状态更好。这不是经济或物质上的收获，而是由于学到了新技能，或者掌握了一些新知识而取得的成就，比如获得资格证书，通过测试，增强自己的某些品质（如变得更有耐心、关心他人、善解人意、决心坚定、有动力），或者深入发展对自己来说很重要的能力。

所有这些，就像任何其他类型的成就一样，比如快乐、满足或精神上的觉醒，都是通过设定目标或确定自己的安排而创造的。很简单，设定目标的行为与生活的自然动力协调一致：这一切都是为了向前迈进。正如亚伯拉罕·马斯洛（Abraham Maslow）在20世纪初所说的那样："只有当人们感觉到自己正在茁壮成长，才会真正感到幸福。"

纵观历史，人类的进化历程充满着各类目标。有些人可能觉得这把我们带到了似乎不妙的境地。如果地球和地球上的生命要长期繁荣发展下去，我会第一个站出来表示有很多方面我们需要加以改变；然而把贫穷、污染、土地中毒，或者我们所处的混乱状况归咎于目标设定是毫无意义的。通过设定目标取得进步是我们的天性，这是我们的思想进化方式。为了实现积极的进化变化，我们只需要改变我们所追求的目标焦点。

> 幸福是一种有意识的选择，而不是一种自动的反应。
>
> 迈克尔·巴特尔
> （Michael Bartel）
>
> 心灵造就好人或坏人，使人痛苦或快乐，使人富有或贫穷。
>
> 埃德蒙·斯宾塞
> （Edmund Spenser）

成功开端：有意识地设定目标

设定目标是取得成功的主要因素。

设定目标，或有意识地做出决定，对一切形式的成功至关重要。凡是那些在生活中自觉学习并努力提高个人水平、取得成就的人都明白这一点。研究那些取得了真正有价值成就的人物传记你会发现，他们都热衷于设定目标。

任何一本阐述如何过上更成功、更充实生活的书籍，里面肯定包含关于如何设定目标的章节。同那些已经达到自己所选职业顶尖水平的人交谈，他们会告诉你为达到业内顶级水平而奋斗的各种目标。事实上，所有成就卓著的人士都设定了常规目标，而且目的明确；他们需要一个高目标，一个值得为之奋斗的目标。设定目标是所有成功秘诀的关键要素。

我偶尔会遇到这样的人：他们认为设定目标只是那些想迅速发展事业或增加财富的人运用的保留手段；但事实是，目前比以往任何时候都有更多的人正在有意识地设定目标，以全面提升自己，改善生活和环境的各个方面。目标是点燃我们心愿之火的火花，是让我们的梦想延续的燃料，是决定屈服和坚持的重要因素。对数百万人来说，个人目标代表着他们从贫穷走向富裕、从顺从走向坚韧、从沮丧走向幸福的转折点。

> 只有一种成功，即能够以自己喜欢的方式度过一生。
>
> 克里斯托弗·莫利（Christopher Morley）
>
> 人生有两个目标：首先得到你想要的，然后，享受它。
>
> 洛根·皮尔索尔·史密斯（Logan Pearsall Smith）

最近我支持了一位可爱的女士，她的主要目标是清理海洋中所有危及海洋生物的塑料和污染物。她的目标图重点是她从事的慈善事业“纯净海洋”，以及他们通过清理英国周围的海滩来拯救环境所做的出色工作。

> 生活中的大部分事物都是泡沫，转瞬即逝。只有两点稳如磐石，长久伫立：一是在他人不顺时出手相助表现出的善意，二是自己面对困难时表现出的勇气。
>
> 亚当·林德赛·戈登
> (Adam Lindsay Gordon)

同以往相比，现在有更多的人热衷于慈善活动，并制订计划去帮助慈善机构筹集资金，参加接受赞助的马拉松长跑活动。越来越多的人制定提前退休目标，降低职业追求，准备退出职场去过某种自给自足的生活。年复一年，越来越多的人设定目标，努力提高健康水平，减肥、戒烟、降低胆固醇、排毒，使皮肤状态变好。所有这些事例都显示出设定目标后的积极行动。

几年前，我遇到了一个了不起的女人，她后来成了我的好朋友和老师。在遇到她之前不久，她已被诊断为癌症晚期，据说只能再活几个月。一开始她很伤心，想向命运投降，但家人强烈鼓励她与病魔抗争。她告诉我，转折点出现在她设定了一个明确而令人信服的目标那一刻，即努力恢复健康，然后开始寻找能够帮助她实现这一目标的治疗方法。那是二十多年前的事了，之后她的病情终于得到了缓解，此后她的身体一直很好。

> 世界上没有伟人，只有普通人奋起迎接的巨大挑战。
>
> 小威廉·弗雷德里克·哈尔西
> (William Frederick Halsey, Jr.)

为何设定目标可以奏效

当你追求远大目标时，就会彰显你的不平凡之处。

每个人的性格中都包含着一个“高姿态自我”(high self)和一个“低姿态自我”(low self)。“高姿态自我”代表我们所有的积极品质，比如自我激励、灵感、责任、自信和自尊，这些品质最终会在我们自身与生活中产生成功的结果，即使面对失败，我们也不气馁。“低姿态自我”则与“高姿态自我”相反，代表了我们最坏的一面，具有消极的性格特征，比如拖延、冷漠、责备、失败主义、自我怀疑和不安全感。而这些缺点总会导致某种形式的失败，即使是在成功的情况下也不例外，例如，面对一个有利的机会，我们却无法鼓起信心，总是缺乏动力去抓住它。

生活是不断变化的，会引发情绪、态度和反应的大幅度摇摆。有时我们的反应是积极的，这源于“高姿态自我”。在其他时候，我们的反应可能是消极的，这源于“低姿态自我”。因为我们都是习惯性的动物，无论自我的哪个方面最为强势明显，最终都将会占据主导地位。我们最常见的反应会得到加强，成为对出现的情况做出的自动或常见反应。

因果关系的普遍规律表明，消极行为最终产生消极结果；而积极行为则会产生更多积极结果。每个人都有能力在他们

> 我们看不到而且绝大多数人从未想到会存在的力量，是面对挫折仍然奋斗抗争的人在得到拯救时，遇到的沉默但不可抗拒的力量。
>
> 拿破仑·希尔
> (Napoleon Hill)

的生活中创造更积极的结果；无论过去的经验或目前的情况如何，只要选择从“高姿态自我”的角度走进生活，每个人都能够在生活中创造更积极的结果。

每当你设定一个积极的目标或思考一个积极的目标时，尤其是当你把一个目标写在纸上的时候，就突显出你的“高姿态自我”，它激活了你的成功机制，它可以超越任何消极的想法、态度和习惯。设定目标可以激发想象力，释放你的潜能。你越是致力于设定一个积极目标，你与“高姿态自我”的联系就越强，就越习惯用创造成功的积极品质对待生活。你变得精力充沛，状态活跃，精神专注。

很多人对自己的未来有着积极的打算，但这种打算可能只是转瞬即逝的想法，而不是明确目标。我们需要找到一种方法来明确我们的目标，坚持这些目标，时刻牢记我们认为重要的事情。许多美好的愿望和宝贵的洞察力，都渐渐消失在繁忙的日常活动中，消失在我们不断流动的意识流中。

一个记录在纸上并定期回顾的想法，被视为潜意识追求的目标，这会将它提升到另一个影响力的层次上。像磁铁一样，这个想法开始吸引实现目标所需的各种因素。歌德(Goethe)说得好：

不奋力前进，就可能倒退，一直没有建树。在一切主动和创造的行为上，有一个基本的真理：对目标的无知扼杀了无数美好的计划；当一个人目标明确，开始奋斗时，上天也会相助。一旦行动起来，就会有各种各样的事情推波助澜。一个决定引发一系列事件，为一个人带来各种预想不到的有利事件，比如和重要的人见面、物资援助等，这些都是任何人做梦都想不到的。无论你能做什么或者梦想什么，开始吧！勇气里有天赋、魔力和力量。现在开始行动吧！

> 把要做的事情写下来，是实现成功的第一步。
>
> 李·艾柯卡
>
> (Lee Lacoccca)

个人自动驾驶仪：调整潜意识

学会调整你的潜意识以获得成功，你将会创造出无数奇迹。

设定目标的最重要方面以及目标起作用的原因，是潜意识的本质和作用。这是理解目标成功实现的关键。在生命的旅程中，面对日常生活中出现的情况，我们通常不知道是潜意识在驱动我们的大部分活动，让我们能够以最小的有意识的努力大步前进。

尽管潜意识承担着大部分工作，但清醒的大脑负责选择

> 能够训练自己在短期内延迟满足，以便在长期内享受更大的回报，这是成功必不可少的先决条件。
>
> 布莱恩·特雷西
> (Brain Tracy)

> 长期目标就是一些新近实施的短期目标，对你很有吸引力。
>
> 马克·维克多·汉森
> (Mark Victor Hansen)

方向或目标。例如，系鞋带是一个相当复杂的过程，然而一旦掌握了这项技巧，它就会成为一种自动的潜意识活动。我们只需要有意识地思考启动过程是为了什么。意识与潜意识之间的关系是一种有效的伙伴关系，在整个历史中一直使人类受益。有意识地选择或决定，然后下意识地行动的过程，符合我们思维进化的过程，如果运用得当，可以帮助我们实现每一个目标。

潜意识非常强大，它可以瞬间解决各种复杂问题。例如，当你穿越繁忙的道路时，估计迎面而来的汽车的速度，并评估到达另一边需要多长时间；或者在跟踪一个移动的皮球的速度与方向时，你可以一跃而起，毫不费力地在空中抓住它。

我的心理闹钟

你知道吗？其实没有人真的需要闹钟。你有没有过这样的经历：为了一件非常重要的事情，你要早晨很早起床，所以你设置了两个闹钟，还安排别人打电话叫你起床？然后，就在闹钟和电话都响起前的几分钟，你突然完全清醒了。

在我大约 7 岁的时候，我叔叔对我说："布莱恩，如果你敲自己的头 7 下，你就会在早上 7 点醒来。”我只是一个小孩子，对学习新东西很兴奋，我毫不怀疑地相信了叔叔。按他说的那样，我试过了，就像变魔术一样，我真的在第二天早上 7 点醒来了。我已经运用这种方法很多年了。

随着年龄渐长，我开始了解我的潜意识是如何起作用的。我意识到，结果往往都是通过为潜意识设定一个目标来实现的。我现在还在使用这种方法，不过我不再费心敲自己的头了。相反，我只是想象一个时钟的指针指向我想起床的时间，相信自己保证过几分钟就会醒来。另外，因为我告诉自己要从身心内部醒来，而不是外部被惊吓，所以我醒来时感觉精神焕发。

同样，许多人都有过这样的经历：睡觉时心里还装着悬而未决的问题或疑问，但早上醒来却得到了答案。这种潜意识目标解决功能的一个常见事例是试图记住某人的名字；虽然它就在你的嘴边，但你不能完全想起来。后来你做了一些完全不同的事情，放下了有意识的思想，随即你的潜意识就会让那个人的名字浮现在你的脑海中。以上所有这些事例，还有更多的情况，都是可能发生的，因为你的潜意识是以目标为导向的。一旦你有了一个明确方向并专注于你想要的东西，实际上你已

> 机会青睐有准备的人。
>
> 路易斯·巴斯德
>
> (Louis Pasteur)
>
> 确定你的目标就像你识别北极星一样——你根据它来调整你的指南针方向，然后用它作为你迷路时回归正路的手段。
>
> 马歇尔·迪莫克
>
> (Marshall Dimock)

经设定了一个目标，你的潜意识随即会开始努力实现它。

你的神奇精灵

潜意识会帮助你在生活中获得成功，保持良好状态，实现你的每一个抱负。

许多人都幻想自己的潜意识是一个黑暗、阴郁或消极的地方。我发现有一个比喻常常有助于人们从积极的角度看待自己的潜意识，这个比喻就是把它看作一个神奇的精灵。精灵是万能的，能够满足你的愿望，帮助你实现梦想，它们忠诚可靠，恭顺听话。为了实现每一个愿望，你要做的就是通过设定目标来清晰地指挥你的精灵为你效力。这个比喻还提醒我们有关潜意识的一个非常重要的方面：它无法进行价值判断。

> 宇宙别无选择，只能直接呈现你对它的有关思考……你知道，创造力就像瓶子里的精灵，你的话就是对它的指令。
>
> 尼尔·唐纳德·沃尔什
>
> 阻碍你前进的不是你已具备的素质，而是你不具备的素质。
>
> 丹尼斯·魏特利

潜意识就像一个幻想精灵，无法区分好与坏、对与错、事实与虚构。它不知道你想要什么或害怕什么，喜欢什么或担心什么，它甚至永远不会决定给你什么。你必须要提出要求，发出指示或指令。

说精灵的语言

你思考的每一个想法都被潜意识当作指令，但只有你的最强烈想法才能成为真正的目标。

你的潜意识就像一个精灵，被你的每一个想法所支配（无论是内心思考、还是外在表述的想法）。你的每一个想法都相当于擦拭你的魔法灯，随着时间推移，你反复琢磨的最强烈想法最终会变成坚定的信念，每一个信念都像是对一个神奇精灵发出的永恒指令。你的潜意识是以目标为导向的，也就是说，如果你没有为自己的潜意识精灵设定一个明确目标，它只会选择你的主导思想、信仰或评论作为目标来追求。

想想自己要得到什么

对很多人来说，设定积极的明确的目标是一个重大挑战。如果你要开展调查，向人们问道："你想从生活中得到什么？"你会发现不能直接给出答案的人多得惊人。相反，他们会用淘汰法回答你，举出他们所有不想要的生活状态："我不想入不敷出。""我不想不开心。""我不想孤独。""我不想害怕未来。"

很少有人意识到，因为反复思考自己不想要的状态，他们正在使自己的消极思想变得日益占据主导地位，从而成为潜意识追求的目标。这让他们陷入自我毁灭的境地。为了实现理想目标，我们需要学习如何将注意力集中在激发思

> 习惯不是最好的仆人，就是最坏的主人。
>
> 纳撒尼尔·埃蒙斯（Nathaniel Emmons）
>
> 你能做的梦越多，你能做的事就越多。
>
> 迈克尔·柯尔达（Michael Korda）

想和积极愿望上，这样我们的潜意识就开始与我们合作，而不是与我们作对。

为了体验有意识地控制潜意识的巨大力量，请尝试以下练习：

第一部分

- ◆ 双脚并拢站立，把右臂举到肩膀的高度。
- ◆ 把头稍微向一边倾斜，这样可以沿着手臂向前看。
- ◆ 手臂抬高，双脚不动，看看你能把上半身向右转多远。
- ◆ 尽可能地放松，继续俯视手臂，在脑海里记下墙上的一个点，它表明你已经转了多远。
- ◆ 收身面向前方，放下手臂。

把书放下，现在就做第一部分！

第二部分

现在重复这个过程，但这次只用心重复。

- ◆ 身体不动，静静地站着。
- ◆ 闭上眼睛，只想象你正在转身。如果你搞不清楚这个动作，想一想它，或者告诉自己你在做，这都无关紧要。
- ◆ 看到自己像之前一样在转动，只是这次告诉自己感觉很容易，可以做得更好。
- ◆ 告诉自己，你要超过原来的点至少 1 米远。
- ◆ 凝神片刻。

◆ 在心里记下你已经取得初步成绩，然后收身面向前方，
在心里放下手臂。

把书放下，闭上眼睛，以期获得更好的效果，想象自己在做第二部分。

第三部分

现在亲身重复这个练习。

◆ 不要比第一次更用力。

◆ 只需举起右臂，然后向右转。

◆ 看看现在你能做到什么程度！

在进一步阅读之前，现在做最后一部分。

这个练习被称为积极的准备活动，体现着设定目标的本质，也就是说，事先做好积极准备，或者想象你想要的结果，然后再采取行动。

我在自己的生活中使用这种方法来预演各种各样的成就，并且一直在我主持的讲习班和研讨会上公开传授这一方法，结果发现几乎每个人都可以在第二次做得更好。这种方法之所以有效，是因为通过思考或想象自己进一步“转向”，你向潜意识精灵下达了一个严格指令，然后潜意识服从指令，并通过放松、收缩那些帮助你实现目标的各种肌肉与你一起工作。

顶尖的运动健将们在训练时越来越多地运用这样的想象技巧来提高运动成绩。通过专注于你想要达到的目标，在采

未来属于那些相信梦想之美的人。

埃莉诺·罗斯福
(Eleanor Roosevelt)

想象一下你想要得到什么。看到它，感受它，相信它。

现在，制订你的心理蓝图并开始行动。

罗伯特·柯里尔
(Robert Collier)

取实际行动之前，潜意识会帮助你做到最好。这种方法在面试或评估时同样有效。我把它教给孩子们用于备考；我在每次演讲前也亲自运用这一技巧作为心理准备的一部分。

没有必要看到你想要实现的梦想的所有细节。简单地描绘出你想要的最终结果，以便指导你的潜意识去采取哪种策略。这并不意味着不需要任何实践，你必须通过实际经验和实践来产生一个思想图景或蓝图指令，让你的潜意识首先明确并服从。注意，通过你选择的关注焦点，你要增强的是积极结果而不是消极结果的思想图景，从而提高你的发挥水平。

变想法为主要指令：重复、持久与情感

有三个主要方面可使任何特定想法比其他想法更强大，从而成为主要指令，它们是：重复、持久与情感。

你越是经常重复同样的想法，它就越有可能被你的潜意识当作指令。凡是你认为正确的想法，你都不会表示怀疑，因此它便成为一种信念。信念相当于潜意识中不变的指令，你持有这种信念的时间越长，它就越强大：从一种随意的观点

发展到一种确定的情感，再发展到一种全面的信念。正如第二章将要阐述的那样，当你开始把强烈的情感附加到你的思想和信仰上时，你就把它们转移到了另一个能量和力量的层次上。给思想赋予情感，就像给发动机增加一个涡轮增压器。

> 要想改变世界，必须先要改变自己。
>
> 圣雄甘地
>
> (Mahatma Ganhdi)
>
> 如果你想实现一个目标，你必须先在自己的脑海中看到它的实现，然后你才能够实现这个目标。
>
> 金克拉
>
> (Zig Ziglar)
>
> 伟大的心灵不断发出神秘力量，不断地吸引着重大事件。
>
> 拉尔夫·瓦尔多·爱默生

虽然所有的想法都是创造性的，但像“我想我会试试”这样的想法，其能量和力量远不及“我一定要去做！”这种想法背后的情感承载着更大的信念、决心和确定性。在你的潜意识中，哪种表现得更突出，这是显而易见的。

情感越强烈，思想的力量就越大，思想的表现也就越强。

设想一个更好的结果

我以前的商业伙伴一直在指导一名运动员进行跳高训练。运动员先助跑，后起跳。如果他跳得好，越过了横杆，他的习惯做法就是心平气和地走回去，再练一次助跑起跳。如果他跳得不好，没有越过横杆，他就会骂骂咧咧，发脾气，高声尖叫，乱踢一气，至少是闹情绪。

记住：我们所做的绝大多数事情都是由潜意识不知不觉执行的；潜意识总是服从主导思想的指令。

根据这位运动员做出的反应，你认为他会使哪种思想指令占据主导地位？通过发脾气，他使自己表现欠佳的结果成为潜意识所选择的主导指令，因为这就是他的所有情感能量所依附的思想。他越是被偶尔的错误所困扰，就越是把潜意识指向他不想要的结果，从而情绪不满，产生了更大的挫败感，愈发愤怒，导致他的训练成绩迅速下滑。

> 全力以赴，你就会成功，几乎遇不到竞争。
>
> 埃尔伯特·哈伯德
>
> （Elbert Hubbard）

这是一个陷阱，不仅是运动员，我们所有人都会以某种方式陷进去。我们越是意识到自己不想要的结果，我们就越容易沉溺于这种想法之中，并引发消极的结果。为了帮助那位运动员提高训练成绩，我的搭档鼓励他采取了适当的措施；这种措施我们都可以利用，会使我们在生活的各个领域受益颇多。首先，我的搭档教他想象自己在迈出第一步之前越过了横杆；然后让他转变对待结果的态度，帮助他认识到这一点：如果你从经验中吸取教训，再尝试一次，失败就不是失败。

当他跳得不好，把横杆碰掉时，就开导他要心平气和地对自己说："我在学习，在进步。"当他跳得很好，越过了横杆，就鼓励他增强信心，兴奋起来，庆祝这一成绩。这个过程很快拓展了他的积极思维模式。他看到自己跳得很好，并使其成为潜意识遵循的主导蓝图，结果他的训练成绩也大大提高。

下一次当你在做某种运动，或者你想提高自己在某方面的水平时，尝试一下积极想象和情感强化这两个方法。它们在我们所做的每一件事中，在生活的每一个领域中都起作用。

给一个想法增添情感，我们就会加强它对潜意识的影响，从而发出一个争取成功的强大指令。无论你想以何种高度“越过横杆”，无论你想提高自己的工作业绩，改进人际关系，还是想增强自信心，都可以这样达到自己的目的：遵循设定目标的基本原则，看到自己取得了预期结果，尽最大努力聚集你内心的能量，然后再开始实际行动。

> 一个人应该绷住心弦，锲而不舍，因为一旦泄气灰心，就无法控制头脑。
>
> 弗里德里希・尼采
> (Friedrich Nietzsche)
>
> 我在寻找，我在奋斗，我全身心地投入其中。
>
> 文森特・梵・高
>
> 总有一天，在利用了空间、风、潮汐和引力之后，我们将为上帝利用爱的能量。
>
> 那一天，我们将在世界历史上第二次发现火。
>
> 德日进
> (Tielhard de Chardin)

为何不是每个人都设定目标？

大量证据表明设定目标有益，还有很多伟人证明了它的重要性，但是研究人员长期以来一直在问这样一个问题：

“为什么那么多的人不设定目标呢？”历来认为其原因主要有以下4个。

1. 人们没有意识到目标的重要性

人们接受教育多年，一直读到大学，但是在设定目标这个问题上有可能连一个小时的相关教育也没接受过。好心的老师或其他人可能会劝你设定目标，但这并不是真正的设定目标。

除非你出生在一个习惯设定目标的家庭，或者接触有这个习惯的人，否则你很可能终生都意识不到定期设定目标的重要性和有效性。

2. 人们不知道如何设定目标

有些人知道他们应该设定目标，但不知道如何设定目标。虽然设定目标是一个自然的心理过程，但把它发展成一个强大的成就工具则是一项技能。和所有技能一样，设定目标这一技能必须通过学习才能掌握。在设定目标方面，有正确的方法，也有错误的方法，有该做的事情，也有不该做的事情。错误地设定目标几乎同根本不设定目标一样无效，因为没有正确设定的目标是不可能实现的。出现一个消极的结果很可能会让人们相信设定目标对他们不起作用；他们甚至可能完全放弃设定目标这个想法。

> 非凡成就总是实现在高期望的框架内。
>
> 金德兄弟
> (Kinder Brothers)

3. 人们害怕遭到排斥

人最基本的需要之一是被他人接受。我们在很小的时候就认识到，不按常理行事，或者太与众不同并不总是一件好事，有可能遭到大多数人的排斥。

许多人错误地认为，如果为自己设定有抱负的目标并试图改变自己，那么朋友可能会嘲笑他们。事实上，这种担心不无道理，因为有些人确实会嘲笑他们。然而，那些嘲笑你的人很少是真正的朋友。他们表现消极的原因通常是，你的目标提醒他们：他们其实并没有对自己的生活有多少积极主动的影响。

如果你担心别人会如何评价你的目标，有两种基本的方法可以克服这种情况。第一，不要向任何人透露你的目标、计划或愿望；暂时保密，直到你取得成果。第二，也是更可取的选择是主动接触那些积极有为的人，他们会鼓励你做出积极努力，这也表明你对自己有足够的信念。与志同道合的人分享你的目标是迈向成功的一大步，每次你把自己的目标告诉别人时，你都在向自己重申这个目标，向你的潜意识精灵强化你的正面信息。

4. 人们害怕失败

世界各地的研究表明，现代人最大的恐惧之一是对失败的恐惧。这种恐惧在某些人身上表现得非常强烈，致使他们根本不想努力取得任何成就，以此来逃避失败。在我主持的研讨会上，我亲眼看到许多人因接触到自己的梦想而感到兴奋和鼓舞。但是在需要将目标写在纸上时，他们却因对失败的恐惧和缺乏自信而一筹莫展。

几年前我为一家大型通信公司举办设定目标的主题讲座时，我鼓励在场的每个人设定一个目标，追求自己内心的真实愿望，追随自己的梦想。当时有位年轻人一直很热情，听到要设定目标，突然变得非常消极、沮丧。“有什么意义呢？”他交叉双臂表示异议，“这只是一个梦，不会实现的。”

> 不为舆论所左右，这是取得任何伟大成就的第一个正式条件。
>
> 黑格尔
> （Hegel）
>
> 创意存在于人们的头脑中，却被恐惧或拒绝困住。营造一个不受议论影响的环境，你就会释放出一股强大的创造力。
>
> 亚历克斯·奥斯本
> （Alex Osborn）

我花了一些时间，也费了好多口舌，他才向我透露说，他的梦想是成为一名一级方程式[1]赛车手。我又花了更多时间劝他将目标明确写在纸上。那一天过后，我再也没见到他。但是大约3年后，我听说虽然他还没有成为一级方程式赛车手，但他在一级方程式车队找到了一份工作。现在他从事自己所热爱的工作，而且收入也比以前高得多，他还成了一个很优秀的业余赛车手。

---

1. 即世界一级方程式锦标赛（FIA Formula 1 World Championship，简称F1）。

除非你努力，否则你永远不知道你能干成什么。目标瞄准星星，你可能只能到达月球，但这仍然是迈出的伟大一步，也许下次你就能登上星星。事实上，所有的成功都建立在失败之上。

> 如果你从不害怕、尴尬或受伤，那就意味着你从不冒险。
>
> 茱莉亚·索雷尔
> (Julia Sorel)

过去和现在不等于未来。只有在没有吸取教训，或者决定放弃而不再尝试时，失败才是失败。当失败被视为学习过程的一个环节时，它就是成功的同义词。每次尝试“出错”都会获得有价值的反馈，今天得到的教训成为未来成功的基础；正如自然成长、死亡和重建一样，我们有时需要失败，以便吸取重要教训，使其成为我们未来成就的基石。成功，无论有多小，总是可以有效解除对失败的无谓恐惧。

> 当你犯下错误时，不要回顾太久。
>
> 把事情的原因记在心里，然后向前看。错误是智慧的教训，过去是无法改变的，未来仍在你的掌控之中。
>
> 休·怀特
> (Hugh White)

实现一个简单的目标，能为追求下一个目标提供强大动力，而这个过程就是螺旋上升的过程。最后，请思考一下几乎每个人都有些害怕走出自己的舒适区、害怕开拓新视野这种情况。他们和你一样，总是在某种程度上设定目标，因为这只是我们潜意识的本性，关键是要确使你的目标瞄准了你真正想要的结果。正如世界上最顶尖的目标设定专家之一布绝不让失败的阴影挡住成功的阳光。

佚名

给一个人一条鱼，他一天有饭吃；教他钓鱼，他一辈子有饭吃。

佚名

莱恩·特雷西所说的那样："要么你学会了设定自己的目标，要么你注定要用余生为有目标的人工作！"

· 第二章 ·

强化目标的力量

思想带着爱的能量可转化为强烈愿望，你的精灵又能将它转化为成就。

发自内心，寻找心流状态

所有的情感都能使心愿力量倍增，而爱则是最强大的创造力。

一切曾经出现过的辉煌事物，都是用爱的力量创造出来的。用爱去创造，诚心诚意，从一个简单的善举，到对你支持的一个当下项目充满激情，直至把你的一生奉献给一个有价值的事业。实质上，这意味着用心做事，一丝不苟。

> 只有当你审视自己的内心时，你的视野才会变得清晰……盯着外面的人总是在做梦，而审视内心的人则清醒着。
>
> 卡尔·荣格
>
> (Carl Jung)

用心去实现自己的愿望，会取得最大的成就，无论是创造一种生活或者建立家庭，还是开启新的人生，概莫能外。

我的一个朋友曾经对我说，他的一个很亲近的人去世了。葬礼结束后，当一家人聚在一起分遗产时，他姐姐只想要一件东西：一个挂在逝者的壁炉上，使她终生难忘的镶框摆件。上面写着："仅仅一个生命很快就会消逝，只有用爱去做的事情才会长久。"

当我们用爱的能量工作时，工作会更美好，感觉更轻松，并能产生深远的影响，触及我们周围无数人的生活。

随心而动，挥洒自如

用心工作能让你获得额外的能量——一种特殊的魔法能量，它能使你无论做什么都挥洒自如，顺畅轻松。

在写作的时候，我发现自己比以往任何时候都更加努力地工作，工作时间更长，精力更集中。实际上我从来没有感到这样轻松，因为我喜欢自己所做的事情。当你喜欢自己正在做的事情时，工作就会变得顺畅轻松。否则，便是一种折磨。

多年来，我一直在追寻我的内心，在我的生活中以及在其他各种情况下寻找顺畅轻松的心流（flow）状态，无论是挖沟渠、锯木头、写这本书、举办研讨会，还是仅仅在舞池上跟着音乐节奏翩翩起舞。

这种顺畅轻松的心流状态非常神奇，在这种状态下，你会觉得所触及的一切都不费吹灰之力，仿佛本就注定如此一样。找到这种心流状态的关键是爱你所做的事情，做你所爱的事情。当你全心投入，而不是厌烦自己的意向目标时，你就会找到顺畅轻松的心流感觉。无论环境如何，我们都可以在日常生活中进入顺畅轻松的心流状态，因为爱你所做的事情并不是真的爱它本身，而是爱你所持的心愿类型和你所进入的心态。

前不久，在我根据预算资金情况努力按时完成房屋扩建目标的过程中，我必须亲自动手，承担很多建筑施工工作，包括挖沟渠这项繁重任务。因为我还有其他工作要做，所以不管天气如何，必须在周末完成这项任务。于是在一个寒冷多雨的星期六早晨，我开始挖沟渠，水一直浸到脚踝，衣服都湿透了。

在那之前的一段时间里，我挥舞的最重的东西是在纸上龙飞凤舞的笔。所以，当我开始在石头地上用镐和铲子干活时，累得我浑身酸痛。肌肉开始疼痛的时候，消极情绪便像毒药一样潜入我的脑海。就像大多数消极情绪一样，这

如果我是发自内心地创造，几乎一切都会起作用；如果只是用头脑进行创造，并非什么都起作用。

马克·夏加尔

(Marc Chagall)

无论是高度的智慧还是想象力，或者两者并用都无法造就天才。

爱，爱，爱，这是天才的灵魂。

莫扎特

(Mozart)

纯粹是在自我辩解："我这样做到底是为了什么？这不是我的人生目标，我为什么不摆脱它呢？下周我可以花钱请别人来做。如果我们超出预算，错过了最后期限怎么办？"

这种消极思维模式通常产生的结果是要么说服自己放弃正在做的事情，要么就像我过去做过很多次那样，继续干下去，但是心情不好，感到厌恶。这常常会让工作充满痛苦，所需时间是原来的三倍，完成的结果要差一些，而且经常需要返工。

幸运的是，在这特别的一天，我发现了自己的"低姿态自我"是消极的，很快我就摆脱了这种态度，选择玩起了"寻找心流状态"的游戏。规则很简单：

◆ 寻找享受你所做事情的理由。

◆ 选择自言自语，问问自己："这样做有什么益处呢？"

这可能是一个很难回答的问题，当你陷入消极情绪时，你的大脑在大叫："没有任何益处！"但你问的问题越多，你的想法与感觉就会变得越积极。

我发现享受工作的最好理由就是告诉自己："这是多么棒的运动，比去健身房便宜得多。这真的对我有益处，更重

> 悲观者自找麻烦；乐观者鼓励别人。
>
> 威廉·亚瑟·沃德
> (William Arthur Ward)
>
> 一颗充实的心里，有容纳一切的空间；一颗空虚的心里，什么也容纳不下。
>
> 安东尼奥·波希亚
> (Antonio Porchia)

要的是，我可以同时享受免费淋浴！”这种方法听起来可能有点简单，但实际上非常深刻，非常有效。随着我的精神面貌和自言自语的内容转变，我的情感态度也随之改变。我放松下来，挥动着铲子干活；当我找到了自己的节奏和心流状态时，干起活来也觉得轻松多了。

同样的原则适用于所有其他情况。只要热心而不是厌烦地对待自己所做的事情，无论做什么，都会觉得开心轻松。焕发出正能量，可以产生积极动力。

我发现，每当我面对一些自己觉得没有动力的事情时，玩“寻找心流状态”游戏尤其重要。比如，在演讲前很早就起床，开车跑一段长路，晚上远离家人，或者和具有挑战性的人一起工作。正确运用做出选择的能力，专注于正确的解决方法，就可以如虎添翼，顺利轻松地完成任务。若以消极的态度去勉强地对待它，情况则变得更糟。

调动情绪，选择最好的你

我们的动机不是出于我们的需求逻辑，而是被情感所激励，被内心的热切愿望所激励。

用心圆梦，就是用正能量进行创造，它意味着深切关注并感受到爱的积极力量。爱是创造的本质。然而，这并不是说通常被视为“消极”的情绪必然不好。消极情绪在创造中也有作用，如能妥善对待或加以恰当疏导，实际上也会产生

> 按客观规律办事，才能获得最佳结果。
>
> 约翰·伍登
>
> （John Wooden）
>
> 大千世界，天地之间，最伟大的科学就是爱。
>
> 特蕾莎修女
>
> （Mother Teresa）

非常积极的结果。所谓的“七宗罪”实际上是一种生存本能，这种本能出现在动物王国的各个角落，在人类身上则表现为一种情感。

- ◆ 嫉妒源于吸收周围资源的本能。
- ◆ 骄傲是吸引最合适伴侣的策略。
- ◆ 懒惰是一种保存能量、延长寿命的方法。
- ◆ 贪婪，无论就食物还是性而言，都是确保基因遗传给下一代的一种方式。
- ◆ 暴饮暴食是一种为冬眠做准备、在两餐之间度过饥荒的策略。
- ◆ 性欲可以保证，无论生物多么孤独，在某个阶段都会产生交配的冲动，从而使物种永存。
- ◆ 愤怒的爆发力也被证明是积极的，它可使我们在击倒猎物时唤起强大的力量，或是逃离那些将要迫害我们的人。
- ◆ 至于内疚，如果没有内疚感，这个人会发现自己无法属于一个家庭、一个群体，因为他会做出最残暴的行为，而没有悔恨。
- ◆ 恐惧是所有情绪中最有益的一种，因为它阻止我们将自己置于危险的境地，否则会导致我们的死亡。

愤怒的夫人

寻找愤怒的理由，你不仅会找到，而且还会感受到这样的理由。

> 在所有音乐当中，只有爱心的跳动传播得最为高远，直达天堂。
>
> 亨利·沃德·比彻
> (Henry Ward Beecher)
>
> 我们知道的太多，感受到的太少。至少对于作为美好生活源泉的创造性情感，我们感受到的太少。
>
> 伯特兰·罗素
> (Bertrand Russell)

几年前，我在一次讲课过程中遇到一位非常生气的女士。她在课程进行到一半的时候突然站起来对我大喊大叫："我讨厌我的工作，但我别无选择，我必须这样做来支付我的账单。你怎么能站在那里告诉我可以感觉良好呢？你不知道你在说什么！"

她难以看见、听见的是，她的态度使她的困境长期存在，我花了一些时间帮助她理解这一点。她也许不喜欢自己的工作，但正是令她讨厌工作的主导思想不是工作本身，导致了她的痛苦和愤怒，这反过来又使她的工作经历更加令人不快。她陷入了一种不良的思维循环，从而阻碍了她另辟蹊径，提升自己。

通过讲习班，她开始渐渐地理解并接受这一点：对自己的工作"满意"是摆脱工作困境的第一步。接受的态度会让她有不同的感觉，这反过来会让她对自己的选择有更清晰的认识，从而帮助她找到为自己真正喜欢做的事情设定目标的动机。当你开始专注于自己想要的结果时，应该尽心尽力，锲而不舍。

她一直在告诉自己："我讨厌它，对此我无能为力。"她无意中使潜意识让她感到痛苦、困顿和无助。更重要的是，因为她高度关注她不想要的东西，她的潜意识给她带来了更多痛苦。上面提到的所有情绪都是自然发生的，事实上，我们在某个时候产生某种感觉是正确的。然而，它们必须与另一端的积极情绪保持平衡，这样才能真正对我们有所裨益。

> 你总是做自己想做的事。每一次行动都是这样。你可以说你必须做些什么，或者说你是被迫做的，但是实际上，无论你做什么，都是你自己的选择。只有你才能为自己做出选择。
>
> W. 克莱门特・斯通

◆ 爱是自我和生命的主要养育者。

◆ 同情心使我们帮助别人，而不是自私自利。

◆ 勇气促进自我成长，为他人创造安全感。

◆ 忠诚能加强家庭成员、部落或群体的关系。

◆ 宽恕有治愈功能，使群体、团队继续存在下去。

◆ 宽容使我们与对立面共处。

◆ 平和对于幸福和所有生命的繁荣发展都是必不可少的。

没有这些积极的平衡品质，任何生物都会变得孤立失衡，导致自我毁灭。

动物受本能支配，只有最小的意识能做决定，但作为人类，我们有能力选择自己的反应，因此可以超越本能。"选择”这一天赋是负责任的天赋，它要求我们意识到自己——了解我们真正的感受，以及这种情感到底在告诉我们什么。遗憾的是，大多数人不是很清楚自己的感受，而是经常感到困惑或情感麻木。

许多人力图避免不舒服的情绪，因此错过了理解其真正含义和意义的机会。社会含蓄地暗示我们，感到不舒服在某种程度上是一种错误的不良现象。这往往会在经历某些负面情绪的人的内心里造成冲突，导致没有言明的情绪反复出现，进而阻碍自我的发展。如果不加以控制，这些障碍会使我们失去平衡，在某些方面遭受损失。

> 大人者，不失其赤子之心者也。
>
> 孟子
>
> 读不懂自己内心的人，都不是真正有学问的人。
>
> 埃里克·霍弗
> (Eric Hoffer)

如第一章所述，每个人均包含“低姿态自我”和“高姿态自我”两个方面。你的“低姿态自我”由完全失衡并处于自我破坏状态的消极动物本能构成，它将恐惧带到未来，让你毫无根据地担忧怕事，稍有不顺便使你动怒，或者利用内疚和愤怒来控制他人。在这种状态下，我们的情绪会变得非常消极，最终走向自我毁灭。

要想扭转这种螺旋式下降的趋势，就需要设定一个满足内心情感的积极目标，从而激活你的“高姿态自我”：那是你的积极性格特征和正能量，一个最好的你。

选择最好的你

只有通过明确的心愿，你才能选择产生并表现出更多的爱、耐心和同情。爱是最伟大的创造情感，因为它是自我生成、自我滋养和自我维系的。你越是投入爱，爱就越体贴你，让你的生命充满活力。

爱与生命和自我进化或创造的自然动力相互协调。相反，过度或被滥用的恐惧则与瓦解、破坏和最终的自我毁灭沆瀣一气。

> 这是我的秘密，一个非常简单的秘密：只有用心才能看得清楚；重要的东西是肉眼看不见的。
>
> 安托万·德·圣–埃克苏佩里（Antoine De Saint-Exupery）
>
> 每个社区都有工作要做。每个国家都有伤口要愈合。每个人心中都有这样的力量。
>
> 玛丽安·威廉森（Marianne Williamson）

宇宙和宇宙中的所有生命必须找到它的自然平衡状态；同样，我们也必须找到自己的自然平衡状态，这样才能在生活中不断前进。例如，我们生来就有一个自动反应系统，鼓励我们走向快乐，远离痛苦。平衡点是动态的，总是根据我们的情况和过去的经验而变化。然而，无论环境如何，自然的选择是生活在更大的快乐中，摆脱痛苦或恐惧的动机只能是稍纵即逝的。

恐惧会触发我们的战斗或逃跑反应，产生巨大力量，但是长时间维持这样的状态，过量的肾上腺素会对我们的身体、精神和情绪造成损害。我们的消极情绪是为我们服务的，发挥内部警告信号的作用，以避免危险的情况，比如当你认为自己将要跌倒时的感觉便是这样。但我们从来没想过终生都在恐惧中度过。

> 你不是来爱这个世界的，而是要成为这个世界上一个有爱的人。
>
> 格蕾丝·约翰斯通（Grace Johnstone）

> 每当我绝望时，就想起历史进程中真理与爱终会胜利。曾经出现过的暴君、谋杀者，在当时仿佛不可一世，但是最终全都没有好下场。
>
> 圣雄甘地

自我造成的恐惧是自私生活、自我不平衡的产物，最终导致有害的结果。记住，能量是一种创造性的力量，如果你生活在恐惧中，你的恐惧能量最终会产生并招来你要逃避的东西。可悲的是，我遇到了很多人，他们一生中的大部分时间都在力争远离某种恐惧。他们中的许多人认为恐惧动机是正当的，因为他们相信恐惧总会产生有利结果，“我必须完成它，否则我会有麻烦”，或者“我必须挣钱支付账单”。他们认为这种动机不仅合乎逻辑，而且会激励他们采取行动。事实上，痛苦可以激励人奋进，但如果你开始靠它生活的话，则另当别论。

不久前，我和一位总经理共过事。在他还小的时候，父亲破产了，经济压力是他父母后来离婚的一个主要因素。这件事对当时还年幼的他产生了很大影响。为了避免重蹈父亲的覆辙，他形成了一种基于恐惧的强烈动机：决不让自己受穷。他用来激励自己的负能量也影响到了周围的人，尽管他支付了合理的薪水，并声称爱自己的家庭，但他仍然是一个不愉快的人，而且他身边的好员工总是离职。当我为他的管理团队举办个人领导力培训班时，他这样介绍我："好的，大家听好。布莱恩今天来讲一讲正能量和工作动机方面的话题。我只想说你们真的需要它！"然后他就离开了房间。实际上，他最需要听一听这方面的内容，但他却充耳不闻。我最后听到的消息是他已经停业了（又一次）。难以理清私人关系的头绪，他那种失衡的恐惧动机导致了他自己的垮台，而这正是他要极力避免的结果。

当你为自己的弱点辩护，或者由于内心卑微的一面让你正在破坏自己所喜爱的事物时，即使有人向你指出弱点和不足，你也难以看到、不易接受。

我们身上最令人痛苦的缺点，最难让我们看到。

在任何形式的商业或个人努力中，能够激励自己并激励周围的人都是至关重要的。然而，我经常接触的一些经理和董事在许多方面却严重挫伤别人的积极性。这些人通常都是好心人，他们之所以被提升到管理岗位，是因为他们上一份工作做得很好；那可能是一项技术性工作，但他们没有受到过充分培训，也没有做好充分的准备把别人的优点发挥出来。在最坏的情

> 这个世界上对爱和欣赏的渴望比对面包的渴望还多。
>
> 特蕾莎修女

况下，他们开始有意或无意地运用“恐惧动机”，以威胁和心理欺凌的方式，让员工参与到公司的创新举措或工作计划中。

这种消极的动机不会长期奏效。首先因为它是被迫的，其次因为它是错误的：虽然参与了，但员工不是因为想参与，只是因为害怕被裁员。这也就是说，他们只做到刚好符合要求。一旦恐惧或威胁消除，他们便回到原来的状态。

此外，缺乏经验的管理者倾向于对每个人不加区分地采用胡萝卜加大棒[1]的管理方法。但是，积极进取的人知道自己的价值，一旦遭到威胁或者受到恐吓，工作积极性便受到极大影响，他们最终会选择一个更有利于发展的工作环境。

> 由勇气和信念所激发的无数不同行动造就了人类历史。每当一个人站起来追求理想，或采取行动改变他人的命运，或反对不公正，他都会发出一道小小的希望之光。一道道这样的希望微光，从无数不同的能量与勇气的中心发出并相互交汇，形成巨大洪流，可以摧毁一切压迫与顽抗的围墙。
>
> 罗伯特 .F. 肯尼迪
> (Robert F. Kennedy)

自我激励，是真正的动机

在现实中，只有一种真正的动机，那就是自我激励，其他动机都是肤浅的。

---

1. 一种奖励与惩罚并存的激励方式。

我们每个人在发展的某个阶段都必须学会积极地自我激励，因为这是个人成长的关键所在。查尔斯•达尔文（Charles Darwin）的物种进化论的中心思想并不是说适者生存，而是那些最能适应变化的物种将继续茁壮成长。

对于变化的适应性必须从内部加以激励培养，因为它需要个人或个体做出反应。真正的自我激励需要个体在痛苦和快乐之间找到特别的平衡点，并积极地关注以下几点内容：

- **他们想成为什么样的人？**
- **他们想做什么？**
- **他们想去哪里？**

值得注意的是，最近对工商界开展的一项科学研究表明，自我意识（了解自己和自己的动机）是潜在成功者的最明显标志，是管理发展的最佳选择。

有效调动你的情绪

我们可以通过下述路径调动积极的自我激励情绪：在精神上积极调动我们的“高姿态自我”，或者说表现出我们的最佳品格正能量。

思想创造情感，你的每一个想法都带有或触发另一种能量：情绪。坐下来，想想最近或过去发生在你身上的伤心事，你会发现你很快开始感到悲伤。

同样，如果你选择专注于一些积极的事情，在几分钟内，这种想法会触发情感的释放：这一次积极的滋养会让你感到快乐。积极思考是一种激励，反过来影响你的行为，并在你的生活中产生积极影响。

> 你不妨自己尝试一下：正确引导思想，便可以控制情绪。
>
> W. 克莱门特·斯通
>
> 只要我们有一颗快乐健康的心，周围千奇百怪的事物就不会困扰我们，反而会使我们很感兴趣。
>
> 弗里德里希·尼采

当我第一次遇到关于个人发展的概念时，虽然我很快理解了关注积极思想的重要性，但我发现这是一件很难做到的事情。一直以心为本对我来说并不容易，因为我曾经失去太多自己珍惜的东西，就连我自己也没有安全感。我实在不敢过于乐观，以免再次被失望压垮。在这个过程中，我变得有点痛苦和消极。于是我开始有了这样的想法：无论如何，软弱都是一种弱点，只会导致更大的不幸。值得庆幸的是，在个人发展方面的实践提高了我的自我意识，帮助我超越了这种无谓的恐惧。正是在努力保持积极人生观的斗争中，我对设定目标进行了潜心探索，最终发现了一套目标规划法。

我一直在使用这套方法超越恐惧，走向新的天地。在人生旅途中，我懂得了勇气和力量等品质不是来自无情冷酷，而是来自关心、同情和爱。本杰明·霍夫（Benjamin Hoff）在他的优秀作品《小熊维尼之道》（*The Tao of Pooh*）中精辟地指出："谨慎带来勇气和智慧……没有同情心的人没有智慧。他们有知识，没错；他们是聪明的，也许吧；但智慧，他们不会有的。聪明的头脑毕竟不是一颗心，知识也许不重要，但智慧确实重要。"

我越是明白以心为本不是软弱，而是坚强，我就越有勇气敞开心扉，我的发展便成为一个螺旋式上升的过程。渐渐地，当我坚守调动高品格的自我，以"做最好的自己"为人生目标时，我就能够驱散内心的恐惧，有勇气去追随自己的心愿。

> 我们必须有意识地朝着自己的目标走一段路，然后在黑暗中一跃而起，一举成功。
>
> 亨利·大卫·梭罗

文字与图像，左脑与右脑

你听到我说的话了吗？明白我的意思吗？

现在人们普遍认为，作为一个物种，我们早在学会使用语言之前就已经运用形象思维了。比如，你可以想一下古埃及人是如何使用象形文字的。形象思维是幼儿最初学习理解周围世界的方式。他们会对抽认卡上的苹果图片做出回应，并认识到它代表的是水果。过了很久之后他们才明白，卡片下面的字母与同一物品有关。用语言思维是人类在不断发展的进化中所学到的技能，同样，它在我们小时候的发展过程中也发生得相对较晚。首先，我们开始理解口语；然后，我们开始把它当作表达内心想法的自言自语来听。

从出生到 5 岁左右，我们的大脑两侧，即通常更符合逻辑思维的左脑和更具创造力的右脑，自然处于平衡状态。我们的大脑就像一块肌肉，用得越多，就越强壮。渐渐地，当我们学会说话，尤其是学会读写的时候，我们变得更倾向于运用左脑；这种逻辑实用的思维方式往往占据主导地位。我们逐渐对语言思维过程（我们内心的自言自语）有了更清醒的认识，而对我们右脑中转瞬即逝的图像却没有更多的认识。

语言思维与运用图像的想象思维，分别源于我们大脑的两侧，并以不同的速度运作。右脑的形象思维是直观的，速度非常快，左脑的语言思维是逻辑分析性的，速度相对缓慢。这两者我们都需要。然而，有时几乎就像拥有两个不同的大脑一样；两个齿轮以不同的速度运行，没有完全连接在一起。通常，只有当你放慢脚步，也许是在洗热水澡放松时，或者是在你即将入睡之前，两个齿轮才会同步运行；这时，你会突然灵光闪现，茅塞顿开。

只要我们坚信自己的存在有一个目的——一个追求的事业，一个值得爱的人，一个有待实现的目标，那么我们便更容易承受艰难的日子。

约翰·麦克斯韦尔

(John Maxwell)

没有情感就没有知识。我们也许知道一个真理，但在我们感受到它的力量之前，它还不属于我们。大脑的认知必须加上灵魂的体验。

阿诺德·班内特

(Arnold Bennett)

我们的大脑分为左右两侧，原因是我们的大脑需要两侧不同的功能。在平衡协调时，大脑两侧帮助我们达到最佳状态。右脑拥有想象力，通过它，我们想象着自己的未来，体验着新鲜的感觉。左脑具有逻辑思维天赋，我们用它来确定实现愿景的最佳路径和策略，以及通向愿景的主要步骤。为了达到最佳状态并实现积极的心理平衡，我们必须从右脑起步，通过左脑开始有效地管理我们的奋斗旅程。

有一种品质是一个人必须拥有的，那就是拥有明确的目标，知道自己想要什么，以及对拥有它的强烈渴望。

拿破仑·希尔

从右脑开始：它不仅具有大脑的前瞻性，也连接着你内心的更高情感。相反，左脑通过记忆向后看，依靠逻辑处理思想，联系着自我和恐惧反应。当我们处于平衡状态时，左脑就会成为一个巨大的支撑；当我们失去平衡时，左脑则会变成一个可怕的领导者。

目标规划法

将右脑图像和左脑语言结合起来。

本书中的目标规划法非常奏效的原因之一，是它捕捉到了形象思维和语言思维的自然组合特点。思考一下古人的许多交流方式，你会很快发现，他们用图片或图像来交流思想。埃及象形文字、北美沙画、亚洲米画、土著岩画以及东方曼陀罗祈祷旗，所有这些不仅代表了人们相互沟通的方式，也代表了几千年来人们表明意图的一种方式。

即使在结构化语言和书面语出现之后，人们也常常继续使用符号和图像来表明自己的意图。只有在近些年来，随着精神分析和管理技术的兴起，以书面陈述为主的目标记录才成为一种常态。然而，任何目标规划类型的核心效力，取决于能否有效运用这种方法表明一个人“有意识选择的意图”，使其影响力度超过“潜意识自动驾驶仪”。近年来，通过使用功能强大的脑部扫描设备，已经能够证明古人早已知道的这一现象：通往潜意识的主要途径是右脑，因为它运用的是形象思维，而运用语言思维的左脑对潜意识的影响要弱得多，这就是为什么只有用文字表述的目标必须重复写上数百次，才能取得用图像或符号表达的目标所具有的影响力。俗话说：“一幅画胜过千言万语”。

目标规划是与潜意识精灵进行沟通的一种方式。它是一种用心、用语言与图像表明意图的方式，逻辑清晰，富有创造力，使潜意识清楚了解你要取得什么结果，并以最有力的方式帮助你在生活中不断进取。

· 第三章 ·

梯子直达目标：LIFT 七项原则

通往目标的道路会有许多障碍：有坑洼要填，有障碍要越过，有裂缝要清理。遵循 LIFT 七项原则，就像在旅途中有一个梯子可随时供你使用一样。

本文中的 LIFT 代表生命（Life ）、信息（Information)、目的（For）与超越（Transcendence)，是我为帮助人们向更高层次的成功发展而创立的公司名称。LIFT 七项原则实际上是增强个人主动性的七个策略或生存方式，也是我们在生活和有意识自我进化中获得成功的理论基础。总而言之，这些原则是目标规划的基础，是一种完整的生活方式。每一项原则都建立在前一个原则基础上（就像梯子上的横杠一样)，使每个人能够克服挑战，提高认识和效率。

七项原则中的每一项都对有意识获得成功的过程很重要，它们是普遍适用的多方位原则，既可单独运用，又可以一同运用在某种情况下或某个时间点上，甚至适用于横跨多年的人生计划。LIFT 七项原则共同构成了一个获得成功结果、指导自我成长的统一措施，也是一种评估重要人生选择的哲学思想。

原则 1：提高认识

无论你需要做什么决定，还是想克服什么挑战、实现什么目标，提高认识是你迈出的第一步。

提高对自身与当前状况的认识，看到自己的主动行为或持续的不作为可能产生的结果，这些都是朝着消除个人困惑的迷雾，克服拖延习惯与发展自我激励能力迈出的重要步伐。

尽管你想改变自己的现状，但是你当前的认识水平还不足以将你带到下一个成长层次以及成长发展旅程的下一个阶段；这需要你更新观念，提高认识水平。

我们在生活中取得的成效，同我们的一般清醒意识和潜意识密切相关。我们越能意识到自己的习惯、欲望和动机，就越能有效地选择最佳状态，从而

> 知识就是力量。
>
> 弗朗西斯·培根
>
> (Francis Bacon)
>
> 只要更新心思意念，就会明白上帝的旨意，知道什么是善良、完美和上帝喜悦的事情。
>
> 《圣经·罗马书》
>
> (*Romans* 12:2)

获得最佳结果。我们越是了解别人，了解他们的习惯和欲望，强项和弱点，我们就越是能成功地创造协同合作的局面。

对周围环境（无论是城市还是丛林）的认识越清醒，就越能够与之和谐相处，适应它的各个方面，以满足我们的特殊要求，同时保持环境的自然平衡。

个人认知图景范式

我们创造了理解事物的内在认知图景，然后把它们投射到我们周围的世界。

> 我们对自己的为人知之甚少！对于自己将会怎样变化知道的更少！
>
> 拜伦
>
> (Byron)
>
> 每个人的信念在自己的眼里都是对的。
>
> 威廉·考珀
>
> (William Cowper)
>
> 世上没有善恶之分，都是思想造成了这种分别。
>
> 威廉·莎士比亚

我们对自己、个人处境或世界的整体认识一般被称为范式。范式是一种有关某个事物或某人的一般观点，指导着我们的看法、态度和行动。我们所持的每一个范式都是我们认识这个世界和其中所有事物的个人观点，它是我们的潜意识不断阅读的导图或蓝图，以规范我们的行动和后续行动。

你早晨醒来的时候，可能不需要思考你是谁，也不需要思考你如何面对这个世界，因为你已经建立了认知范式，指导着你如何对生活中的各种情况做出反应。正是这些典型的认知范式告诉你的潜意识，让你在某一特定情况下应该如何行动，而不需要持续的理性思考。同样，正是你的认知范式，让你正常开车、骑自行车、步行，开展我们认为理所当然的所有日常活动；所有这些都是在无意识努力的情况下实现的。

个人认知范式的缺点是，一旦创建，它们就会像石头一样固定下来。而实际上，我们周围的一切都是流动灵活、不断变化的。

从过去看未来

这些年来，我开始相信自己的直觉。当我开始与高管们合作时，我惊喜地发现他们也这么做了。在进行了左脑批评性分析之后，他们仍然会根据直觉做出最终决定。

几年前，我突然接到一个老客户以公司名义打来的电话，问我是否可以在短时间内为他们提供培训。当时我想都没想就爽快地答应了。直到放下电话，我才有一种直觉（右脑直觉）——觉得有些事情不太对劲。于是我开始倾听右脑的感受，这才意识到我是根据过去的一种认识范式对这家公司的客户说了声“是”，没有追问我掌握的信息是否符合现在的情况。接着我开始通过进一步询问客户来提高认识，了解到他们希望我做的工作性质与以前的工作有很大不同，也不符合我的核心教学内容。转眼间，我的认知范式和对这个培训机会的看法完全改变了——我拒绝了他们的请求。同样的情况也发生在我们生活的其他方面。

我们常常以某种方式来判断一个情况，而随后发生的事情却使我们以完全不同的方式看待这个情况，最终，我们的观点、我们的认知范式彻底发生了转变。我们的认知范式决定了我们的观点、态度和行为，因此也决定了我们创造的结果。如果我们要正确应对我们遇到的各种情况和选择，并朝着实现目标的方向前进，那么我们必须学会通过有意识的思考和提问，通过提高认识来认清现实。

> 有一条从眼到心的路径，不经过理性思考。
>
> G. K. 切斯特顿
> （G. K.Chesterton）
>
> 第一条规则是保持不受干扰的心境。第二条规则是直视事物，了解事物的本质。
>
> 马库斯·奥雷利乌斯
> （Marcus Aurelius）

一个不正常的认知范式，会导致错误的观点、态度和行动，进而产生错误的结果。

原则 2：培养可能性意识

过去和现在不等于未来，未来的可能性是无限的。树立无偏见的开明态度，我们就能抓住最重要的机会。

每当我发现自己在生活的某一方面止步不前，或者缺乏自信，我就爬上 LIFT 原则梯子的第一个横杠，问道：“在这种情况下，我是否充分提高了认识？”然后爬上第二个横杠，提醒自己培养可能性意识，也就是说，要有开放的心态。为了提高认识，你需要保持开放的心态，考虑所有的可能性。人们在处理某个问题时，往往会受到过去经验的影响，但过去和现在并不等于未来。未来尚无定数，它是不断发展的，而且总是在某种程度上不同于以前。

你看到了吗？

19 世纪 30 年代，一位名叫威廉·贝比（William Beebe）的先驱者在深海勘探方面领先世界。他是第一个潜入深海的人，他所描述的深海生物远远超出了当时科学家的研究范式，因此他的观察结果被认为是空想。直到现在，随着先进潜水器的使用，他的说法才得到证实。但即使在今天，在海洋深处记录到的生命也是非常奇妙的，超出了一般研究范式，以至于我们常常缺乏足够的语言来描述深海物种的结构、活动与颜色。

纵观历史，那些声称看到了其他人看不到的某物另一面的人，因揭示出真相常常遭到嘲笑、诋毁，有时甚至被钉在十字架上。

> 接触到新思想的头脑永远不会回到原来的维度。
>
> 奥利弗·温德尔·福尔摩斯（Oliver Wendell Holms）
>
> 我们现在的任务不是纠正过去的错误，而是纠正未来的道路。
>
> 约翰·F. 肯尼迪（John F. Kennedy）

选择性认知

我们并没有真正看到生活的真实面目，我们只是通过对现实的解释来看待生活——我们看到的是我们眼中的生活。

据估计，人体通过感官，在一天中的每一刻从周围的世界接收大约200万个信息或刺激。然而，我们有意识的思维在任何时候每次只能处理或持有大约9个信息。我们的大脑中一个叫作网状激活系统（Reticular Activating System，RAS）的区域起着过滤作用，清除掉它认为不相关的信息，只传递那些被认为是重要的信息。它保护我们的意识不被数据淹没。

虽然这一自动过程是为我们服务的，但有时可能会受到严重限制。如果你没有为你的RAS选择认知范式过滤器刻意消除成见，那么它将自动与你的主导思想、观点或信仰保持一致。

> 人不是他自以为是的那种人，而是他心里想什么，他就是什么。
>
> 拉尔夫·沃尔多·爱默生
>
> 对于一个善用锤子的人来说，生活中的每样东西看起来都像钉子。
>
> 亚伯拉罕·马斯洛

正是这个过程导致了下面这个常见的生活经历：买了一辆新车后，无论去哪里，你都开始注意类似的汽车。本来汽车总是停在那里，但是自从你也有了一辆汽车后，就为自己创造了一个新的主导思想，从而促使你的RAS传递所有同你的新车有关的信息。如果你怀孕了，同样的事情也会发生：你开始到处看孩子。如果你预订了假期，你会看到不断提醒你的目的地。

因为你的 RAS 是潜意识的一部分，你的潜意识不会做出是非对错的价值判断。因此，一个消极的限制性想法，比如“我不行”会成为 RAS 的过滤器，使你屏蔽与之相反的有价值的信息，比如“我能行”。

发现机会

几年前，有位知心朋友因为被解雇而离开了自己热爱的工作岗位。这段经历对他打击很大，他陷入了抑郁，相当痛苦。任何问他过得如何的人基本上都得到了同样的回答：“我肯定要成为废物，我就是这样。对我来说，我这个年纪已经没有机会了，以后我要依靠社会救济才能生活了。”

他几乎对遇到的每一个人都这样说，但听到这话最多的人还是他自己。于是，这样的话很快成为他的 RAS 主要思想过滤器。我记不清和他在一起有多少次，我向他提起一些体面工作、收入好的机会时，他都回答“没听说过”或者“没见过”。

他和我在同一个地方，同他说话的人和我一样，他周围的信息和我接触到

> 我们看到的不是事物的本来面目，我们看到的只是我们自己的影子。
>
> 阿奈丝•宁
>
> (Anais Nin)
>
> 人人都把自己视野的极限当作世界的极限。
>
> 亚瑟•叔本华
>
> (Arthur Schopenhauer)

的也一样。即使他的耳朵和眼睛注意到了这个机会，他也只让自己习惯看到缺乏、限制和困难等消极因素。因此，这就是他的 RAS 向他的清醒意识传递的全部信息。

当你设定一个目标时，你不仅仅是表达自己的意图，也是在为你的 RAS 设定一个指令，然后帮助你超越任何预先设定的限制，发现充满机会、发挥潜力、走向富足的新天地。

原则 3：寻找平衡

在这个世界上，没有平衡就没有持久的成功。

我们生活的地球在平衡的轨道上旋转，通过平衡的气候支持着平衡的生态系统；在那样的生态系统里，许多物种生活在平衡共存的关系中，每个生物都必须在其身体和环境之间保持平衡才能生存下去。简而言之，成功就是平衡，平衡就是成功。

我在举办的目标规划研讨班上问学员们："在目标规划上，你最希望实现什么目标？"最常见的回答是："在家庭生活和工作生活之间实现更大的平衡。"在我和孩子们的谈话中也听到过类似的回答。他们希望在学习和玩耍之间找到更多的平衡。

> 即使幸福的生活也离不开黑暗面，如果没有悲伤来平衡反衬，幸福这个词就会失去意义。
>
> 卡尔·荣格

平衡使生活安顺美好。当你处于平衡状态时，你总是会知道的，因为你内心感觉良好，这会在你的生活中体现出来。同样，当你自己或你的生活失去平衡时，你也会察觉，因为一切都将开始崩溃。

每个人的平衡点都会略有不同，各有特点。一个人可能需要做较多的事情来达到平衡，另一个人可能只需做较少的事情。不过，作为一般性的指导，我建议你考虑6个关键点来实现内部和外部的平衡。

试做这个练习：

在以下6个方面给自己打1~10分，测量你自己的生活平衡程度。这样的练习总是具有相关性，但不要和别人比较。要依靠直觉，倾听你自己第一个想到的数字。

心理　情感　身体

财务　社交　精神

下一步，将你的分数标在下面的圆盘上（见图1），从顶部轮辐开始（心理），顺时针绕圆盘旋转，在每个轮辐上写出一个分数。

> 对一个人合适的东西可能对另一个人不合适。这可能意味着你必须自己站起来，做一些在别人看来奇怪的事情。但不要胆怯。
>
> 无论什么事情，只要你从心里觉得对，就去做吧。
>
> 艾琳·凯迪
>
> （Eileen Caddy）
>
> 灵活的人有福了，因为他们不会焦躁不安。
>
> 佚名

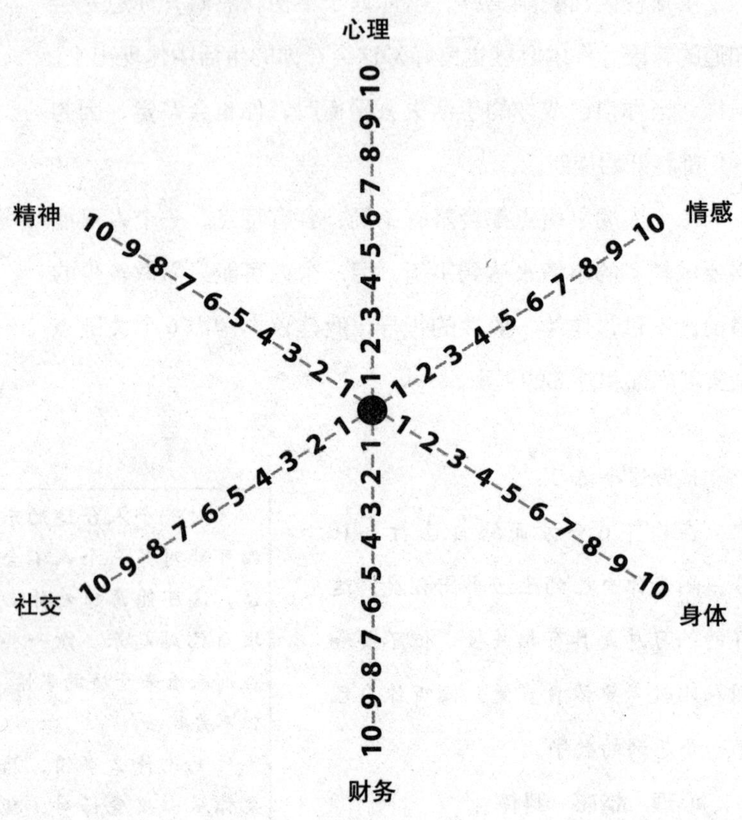

图 1 生活平衡状态示意图

最后，把你圈的数字连起来，就像一个点对点的拼图。这样你就有了一个“生活平衡状态示意图”：一张展示你当前生活平衡状态的图片。

理想的状态是在每个轮辐上获得高分。大多数人都倾向于在某个点上有一个平坦处或凹陷处。如果这对你来说是对的，请把它看作一个积极的结果；它表明你需要把注意力和精力放在哪里，以便把你个人和生活带到一个更加平衡成功的层次上。

> 我不想走到生命的尽头，却发现自己已经活了那么长的时间。我还想活出生命的宽度。
>
> 黛安·艾克曼
> (Diane Ackerman)
>
> 如果我们想一直过着最高强度的生活，我们不会幸福的。幸福不是强度的问题，而是平衡、有序、节奏与和谐的问题。
>
> 托马斯·默顿
> (Thomas Merton)

通过示意图上的分数，为自己设定一个改进的目标，实际上你可以自动提升其他方面的状态。例如，前一段时间，我做完这个练习后，我看到自己的平坦区域是标示身体状况的辐条。此前我停止了锻炼，饮食也很差，结果我的健康受到了影响。随后我设定了一个目标，每周3次早起半小时锻炼身体。没过多久，我的身体状况得到了改善，新的平衡状态积极地影响着我生活的所有其他方面。我的精神更敏锐，情绪更好，精力也更充沛，在经济状况上也产生了明显影响。在社交方面，我变成一个很好相处的人；在精神上，我觉得自己更容易沟通了。通过使我自己和我的生活恢复平衡，产生了一种“自我协同效应”。

自我协同效应

平衡状态的成果。

在所有主要的生活领域取得平衡，就能够取得“自我协同效应”。协同效应，即整体大于各部分之和，是一种自然产生的动力。协同效应不是通过相同产生的，而是通过互补或平衡的差异产生的。平衡后的生态系统具有协同作用。相互依存的物种彼此是协同共处的。当人们的平衡状态足以尊重彼此之间的差异时，他们也是协同共处的。同样，当我们在自己身上达到平衡状态时，每个人都会产生“自我协同效应”，向更高层次的意识、幸福感、效力和成功迈进。

虽然我们每个人都有许多平衡点，但最重要的一点是找到存在和行动之间的平衡，因为这是根本性的，对所有其他领域都有影响。这最终会创造自我和谐格局，使我们的思想和我们的心变得完整统一。

全脑平衡

通过创造性思维选择你的目的地，运用逻辑思维来合理安排旅程。

尽管科学界对真正天才的本质以及与之相关的大脑部位仍有很多争论，但很明显，历史上一些最伟大的人的左脑和右脑同样聪明。列奥纳多·达·芬奇（Leonardo da Vinci）就是一个很好的例子。许多人认为他是有史以来最聪明的人。他不仅是伟大的艺术家，也是伟大的科学家；甚至他的工作笔记也是图文并茂，形象生动。同样，莫扎特以其高超的音乐才华闻名于世，但他也可以钻研数学，成为世界一流的数学家。伟大的人物往往在思想上有显著的平衡特点。

每个人在来到这个世界时，大脑均处于平衡状态，而且在生命的头5年里都保持这种状态。据科学家估计，在这个大脑活动平衡的时期，我们的学习能力大约是成年期的20~25倍。保持大脑和思维过程的平衡有助于我们提高效率。如果我们处于失衡状态，无论是向右还是向左，我们的效率都会降低。随着年龄的增长，绝大多数人的大脑功能变得不平衡。通常，有些人会变得以左脑占主导地位，也有一些人则以右脑占主导地位，但只有少数人能保持大脑的平衡状态。

> 如果我们坚持用滤镜来观察智慧的彩虹，许多人的头脑就会给人以缺乏光彩的假象。
>
> 勒内·富勒
>
> (Renee Fuller)

这种平衡和我们的思维过程会受到很多影响。有些影响是遗传的，有些同儿童时期的制约、学校教育、职业选择或整个社会有关。然而，任何人都能够通过设定平衡目标来恢复整个大脑的平衡状态。设定目标和创建目标图的做法，有助于你达到更明显的平衡状态。

大脑就像一块肌肉，如果我们完全停止使用肌肉，它就开始衰退，但永远不会完全死亡。进行心理锻炼，就像在健身房锻炼肌肉一样，可以活跃我们的大脑，刺激新的脑细胞连接，恢复大脑平衡。此外，使用本书第二部分中的目标规划的七个步骤锻炼大脑两侧，有助于创造整个大脑的平衡状态，而你的目标本身则有助于你在生活中保持平衡。

动态平衡

动静结合。

我们的创造性思维具有想象的特点，能够展望我们的未来。逻辑思维通过记忆向后分析，从过去的经验中总结得失。当我们把两者结合在一起，朝着道路上的障碍无畏地奔去时，就会出现奇迹。我们越是在意当下，重视实现自我，就越是能够平静地朝着实现自己心愿的大方向前进。

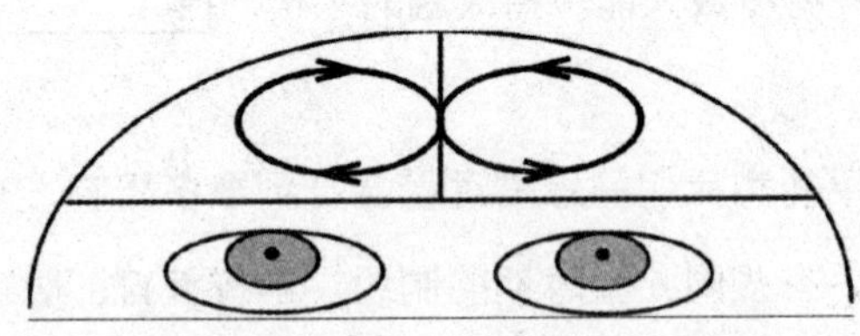

图 2　大脑平衡图

在左脑与右脑之间建立平衡，并不意味着像在天平上寻找静态平衡点一样。大脑的平衡，就像其他自然的制衡一样，是一个动态过程。它是迭代互动的，不断将焦点和平衡点从一个方向转移到另一个方向，仿佛一个流动的数字 8（见图 2）。

当你开始通过选择焦点在大脑中寻找平衡时，可从外部获得各种益处，使你的生活更加有活力，更加和谐。这是我多年来一直在修炼的内容，通过想象锻炼右脑；通过制定策略锻炼左脑；通过目标规划稳定平衡状态。此外，每当我需要评估一个情况或机会时，我都会使用前述 LIFT 原则，在爬上前两级阶梯（即解决前两个原则）后，我会问自己："如果我抓住这个机会，沿着这个方向走下去或追求这个目标，它帮助我实现的生活中的平衡状态是增加，还是减少呢？"

原则 4：有的放矢

目的，对一个人来说其作用就像燃料对一台发动机一样重要——没有它，我们将一事无成。

在改变自己的同时，也能改变你周围的环境。

安瓦尔·萨达特

(Anwar Sadat)

最伟大的斗争是同我们的思想进行的斗争。

詹姆逊·弗兰克

(Jameson Frank)

中性状态是一种既不迅速前进也不缓慢后退的状态，它并非意味着无所作为、沾沾自喜或者消极被动，而意味着镇定自若，让新信息、新的可能性浮现出来，然后再进一步采取行动。

处于中性状态时，你的敏感与直觉均有所增强。中性状态是新的可能性浮现发展的沃土。

多克·奇尔德

(Doc Childre)

心里想的事情，总会在外面显现出来。

厄尔·南丁格尔

每个人生来就有一个目标，一个存在的理由，一种擅长的事物。当你“有目的”时，你会找到你的激情、你的力量、你的活力，你会感到生活像在处处协助你一样；当你漫无目的时，生活则偏离了轨道；当你的创造能力被埋没时，每一件琐事似乎都在拖累你。

> 奇怪的是，虽然所有人都必须踏上人生的道路，但很少有人知道他们要去哪里。
>
> 皮埃尔·施密特
> (Pierre Schmidt)
>
> 让我们追随自己的命运，尽管它起伏不定。无论发生什么事情，我们都会通过接受命运来把握命运。
>
> 维吉尔

为了拥有明确目的，你必须首先找到或了解你的目的，必须发现“让你的心灵歌唱的事物”——你热衷的事物，这是我们每个人与生俱来的伟大内在目标之一。每个人都有自己的目标，追求它就是人生的目标。大约在公元前300年，帕坦伽利（Patanjali）曾写道：

当你被某个伟大的目标、某个非凡的计划所鼓舞时，你所有的思想都会摆脱束缚；你的思想超越各种局限，你的意识会向各个方向扩展，你会发现自己置身于一个崭新伟大的美妙世界里。

潜藏的力量、能力和才干变得活跃起来，你发现你是一个出乎自己预料的更优秀的人。

寻找真正的助推动力

动机来自灵感，而灵感是由目标驱动的。

我的职业生涯刚刚起步时，我在伦敦的一家个人发展公司从事演讲与培训工作，经常以自我提升为题演讲一个小时。在演讲现场，我常常作为一个励志演讲者被介绍给大家，但是我觉得这个称谓并不完全适合我。尽管我的演讲一般都很受欢迎，但我很快意识到，把内容称为动机并不妥当。

我很受欢迎，可能是因为我使大家开心。但演讲的重点不是动机，而是炒作宣传，采用胡萝卜加大棒、痛苦和快乐相结合的方式。我在自己的生活中也采用了同样的方法。如果我需要做一些缺乏动力的事情，我要么告诉自己如果不去做会有多痛苦，要么我会重点关注一旦我的目标实现我会有多快乐。

> 如果一个人在早上起床、在晚上睡觉，中间做他想做的事，他就是成功的。
>
> 鲍勃·迪伦（Bob Dylan）

毫无疑问，这些策略是有效的，人们世世代代在自己和他人身上运用着这些策略。但我们面临的难题是持续运用这些策略，把自己或他人置于痛苦的威胁之下，或者希望持续的快乐，以创造前进动力。

相反，我注意到我崇拜的人不需要这样做，他们似乎有更加自然的平衡动机。当我进一步研究他们时，我发现了他们的动机来源：灵感。受到鼓舞的人不需要有意识地激励自己，因为这是他们灵感的自然产物。他们的脚下仿佛安装了弹簧，自

> 思想有目的才伟大，其他的只是愿望。
>
> 华盛顿·欧文
> （Washington Irving）

> 没有明确生活目标的人，比最弱势或最残疾的人更有缺陷。
>
> 莱斯利·费格尔
> （Leslie Fieger）

有动力。他们“天生就有动力”，于是我的问题变成了“灵感从何而来？”

我知道，瞬间的灵感来源于我们的神性，可以激励其他人。但我也知道，这种灵感就像点燃火焰的火花一样：为了让它成为燃烧的激情，个人本身必须能够“火上浇油”。使生命之火不断燃烧的燃料是有意义、有目标的感觉，这是激发动力灵感的真正根源。

目标感

找到让你的心灵放声歌唱的美好事物，然后设法让你的生计真正成为你的生活。

目的与目标是不同的。目标有形，可以量化，它有一个明确的完成日期。另一方面，目标是一项持续的努力，一项长期的任务。目的是大方向；目标是人生路上的重要里程碑。

有许多不同类型的目的。对某些人来说，目的就是取得某种物质上的成就：成为赢家、购买商品、建造或拥有物品。对于其他人来说，目的集中表现在他们的工作、项目、职业，或者他们正在做的事情上。

你的首要目的是永远做最好的自己。这是所有生命与生俱来的目的。通过努力成为最好的人，你自然要把工作做到极致，并且总是获得最佳结果。向往—行动—拥有，这就是成功的规则或序列。

要永远争取捷足先登，因为这有助于树立正确态度，使我们行动起来更有劲头，使我们获得更好的结果。此外，作为人类，我们拥有自由意志去影响自己的自然冲动，使我们成为最好的自己，并以此作为推动我们朝着发自内心的愿望和梦想前进的力量。

无论你选择追求哪一个层次或类型的目的，都意味着以某种方式攀梯上进：

- **提高认识。**
- **培养可能性意识。**
- **找到平衡状态。**

当你攀梯到达LIFT七项原则的第四个横杠时，要问问自己："如果我抓住这个机会或方向，它会让我更接近实现目标，还是会让我微妙地偏离轨道？"这个问题是关键。我经常得到一些表面上看起来很有吸引力的机会，但仔细一看，这些机会并不符合我选择的目标和方向。

> 你不能等待灵感，你得去主动捕获它。
>
> 杰克·伦敦
>
> (Jack London)
>
> 有意义的小事比没有意义的大事更有价值。
>
> 卡尔·荣格

当你真正清楚自己的重大目标时，对不适合自己的事情说“不”就容易多了。

你可以用很多方法找到你的目标。有时它会很快显露出来，有时它会在很多年后展现出来；但它总是从设定一个目标开始，即你“知道”它是什么。

原则 5：拥有足够的反应能力

责任等于“选择你的反应能力”，这是你获得最大自由和最终成功的关键。

在不具备正常读写能力的成长过程中，我经常根据单词在句子中的用法来猜测单词的含义。我通常听到“责任”这个词的背景是：“布莱恩，你要为此负责吗？”在我看来，这听起来像是在承担责任，所以我开始相信责任就是这个意思。

当我学会阅读并开始自学时，我找到了责任的真正含义，它意味着“选择你的反应能力”。以前我从未想到责任是反应能力，即选择的能力，因为我把它和责备联系在一起，所以我尽可能避免它；现在我看到了它所具有的真正力量，开始积极地接受它。

行为范式的转变彻底改变了我的生活。我实践得越多，我的反应能力就越强大。与反应能力相反的是责备。早年，我养成了一种习惯，把自己或生活中不喜欢的任何方面都归咎于某一个人或某一件事。我把经济衰退和公司倒闭归咎于政府；把停止融资和失去住房归咎于银行；把婚姻破裂归咎于妻子。

责备的真正问题是，它总是“在那里”，在你自己和别人的过错之外，这意味着你对它几乎没有影响力。这会让你觉得好像有人在对你做什么，或者让你有某种感觉，而你对此却无能为力。责备会把你变成受害者。

> 一个自控能力强的人，可以终结悲伤、创造快乐。
>
> 奥斯卡·王尔德
>
> (Oscar Wilde)

> 如果你为任何外在的事物而苦恼，痛苦不是因为事物本身，而是因为你自己对它的估量不当；这一点你有权撤销。
>
> 马库斯·奥雷利乌斯

一旦我提高了自我意识，专注于生活的基本成功原则，我就开始锻炼应对能力。第一步是放弃所有那些老借口，用有意识地选择、以目标为导向的坚定态度来代替它们：我有耐心，我宽容，我有反应能力。

最难的是承认自己犯了错误，自己的观点不对，把事情搞砸了。但是只要我从经验中吸取教训，一切都会好起来。一旦我改变了自己的观点，不再把责任视为责难和过错，我就开始掌控自己的挑战。这其中有很大的影响。如果生活中有的事情你不喜欢，但你承认它的出现你也有责任，这自然意味着你有能力去改变它。如果你愿意的话，你可以开创新局面。另一方面，如果你坚持责怪某件事或某个人，而不是正视自己，那么你总会感到陷入困境，表现得像个受害者。

我经常遇到有些人认为（就像我以前那样）：我就是现在的样子，我对此无能为力。有些人甚至为自己的弱点争论不休，提出了他们无法改变的旧理由：是他们的基因、父母或环境使他们成为现在的样子；但这些只是有影响而不是决定因素。尽管有时我们的自身选择有限，但我们总是能够完全自由地选择我们的精神反应和情感反应。我们可以选择成为最好的自己。

学习如何对消极的情况做出积极反应，可使我们最终成为赢家。老话说得对："影响最大的并不是生活中发生的事情，而是你对事情做出的反应。"反应能力是内在自由的根源和个人力量的基础。先练习选择你对小事的反应，随着能力的增强，再选择你对大事的反应则变得更容易一些。

当我用最初的状态来衡量自己时，我意识到自己走了多远，成长了多少。尽管我还有一些方面需要改进，但我知道，如果我没有发现反应能力和设定目标的魅力，我就永远不会踏上探索的征程。

> 有两大力量在起作用，外部和内部的力量。我们对龙卷风、地震、洪水、灾难、疾病和痛苦等外部力量几乎没有控制力。真正重要的是内在力量。我该如何应对这些灾难？在这一点上，我完全可以把控自己。
>
> 利奥•巴斯卡利亚
> (Leo Buscaglia)
>
> 对自己的行为进行评判实际上是另一种逃避，因为这让你觉得自己在做一些符合道义的事情。
>
> 巴巴拉•谢尔
> (Barbara Sher)
>
> 每一个行为都源于一种思想。
>
> 拉尔夫•沃尔多•爱默生

自我实现

改变你对一切的看法，你的一切都会改变。

思想激发创造。人类历史上所创造的一切均始于一个人的想法。每一件伟大的艺术作品，每一个帝国，每一项成就，都曾经只是人们脑海中的一个念头。同样，每一个习惯、每一个行动、每一种情感也都是从一种想法开始的。

思想创造情感，随后思想同情感一起开始影响我们的行为。重复的行为成为习惯。习惯塑造了我们的环境，反过来又引发了更多接受或拒绝周围环境的

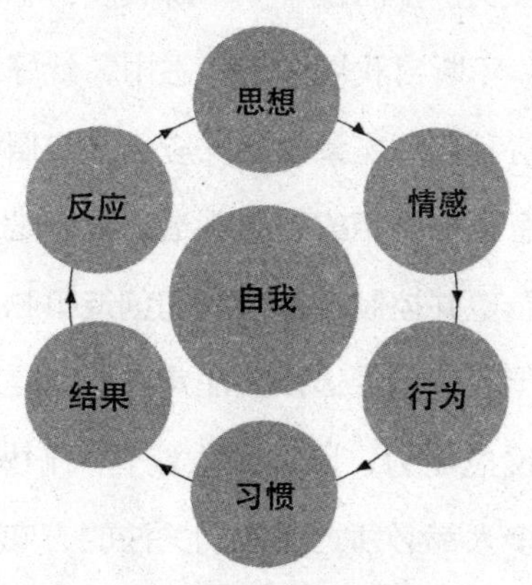

图3 自我实现循环图

作为人类，我们的伟大不在于能够改造世界——这是原子时代的神话——而在于能够改造我们自己。

圣雄甘地

每一个黎明，每个人都有选择的自由……当生命还在的时候，总有机会重塑世界。

吉姆·科尔曼
(Jim Coleman)

在刺激和反应之间，有一个空间。在这个空间里，我们有选择反应的自由和力量。我们的反应就是我们的成长过程和自由。

维克多·弗兰克尔
(Victor Frankl)

想法，使这个过程继续循环下去（见图3）。

我们都生活在一个自我实现的循环过程中，就像上面所说的那样。这个周期既可以让我们向个人发展迈进，也可以让我们螺旋式地走向个人衰落。无论环境如何，选择都是我们自己的，因为循环总是从一个想法开始，我们完全可以自由选择。

运用这个原则的关键是问你自己："我是有意识地、主动地选择反应，还是被动无意识地放弃自己的力量？"

从长远来看，我们塑造自己的生活，塑造我们自己。这个过程直到我们死去才结束。

我们的选择最终成为我们的责任。

埃莉诺·罗斯福

试图逃避对自己行为负责的做法，使我们正在把权力让给其他个人或组织。这样，每天都有数百万人试图逃离自由。

M. 斯科特·派克

（M.Scott Peck）

原则6：保持积极的关注焦点

想想你要得到什么，而不是你害怕什么。

我们生活在一个不断成长、不断变化、不断自我展示的状态中，就好像宇宙对我们的能量做出反应，并按照我们的意愿来展示或进行创造。我们是否能够希望并控制宇宙为我们创造事物，取决于我们能否选择关注焦点。这是我们的反应能力，因为没人能替我们做到。每个人都必须选择他们关注的方向，这又反过来引导着生命的方向，引导着我们在宇宙中创造并吸引的万物质量。

当你选择关注生活中积极的一面，关注自我以及你本人的处境时，你会产生一种能量，就像无线电波一样，传递你的意图，将与之和谐的人、事和处境吸引回来。当你关注消极事物时，也会出现同样的情况，只不过此时你的吸引力具有消极特点。

将反应能力作为你思想的焦点，将注意力集中在积极的方面，你会在自我实现循环图的所有方面产生影响，产生积极的连锁反应：你的思想受到启发；你的情感催人上进；你的行为有明确目的；你的习惯对你有帮助；你有意识地设计自己的生活。任何辩解或指责都能转化为反馈和学习结果。

在循环的每一个阶段，能量都变得更强，吸引力或创造力也会变得更强。任何曾经努力戒掉烟瘾的人都知道，在思想层面打破这个循环，要比在习惯和渴望的生理层面容易得多。

所有的创造形式，无论是新习惯，还是外部目标的实现，关键是要“保持积极的关注焦点”，这样你就能提高认识，增加能量，从超意识层面开展行动。

> 心灵是一个自主的地方，一念起，天堂变地狱；一念灭，地狱变天堂。
>
> 约翰·米尔顿
> (John Milton)
>
> 我知道，当我们遵循内心引导的时候，没有什么是不可能的，即使它的方向可能会改变我们的寻常逻辑，对我们有威胁。
>
> 杰拉尔德·詹波斯基
> (Gerald Jampolsky)

你的超意识

直觉随时待命，你只要询问它就可以了。

你的超意识，是你心灵中同“高姿态自我”和集体或宇宙意识相连的部分。思想是能量，能量永不消亡，它只是改变振动状态和形式。每个人的个体意识就像从海洋中升起的波浪，到最后它并没有真正消失，只是再次与整体融合。

通过保持积极的关注焦点，可获得这样一种精神状态：你的超意识开始从集体意识的海洋中给你带来洞察力和各种想法：那都是你还没有以任何方式产生或考虑过的想法。许多伟大人物已经证明了超意识的力量，并把自己的最高成就归功于它。

20世纪最伟大的发明家托马斯·爱迪生宣称，他从未有过一个独创的想法；相反，他只是把它们从空中顺手抓来。莫扎特说，他的许多作品都是完全成形的，每一个细节都是完整的，但他是第一次在脑海中听过这些作品。

> 你想什么，就会得到什么。
>
> 厄尔·南丁格尔
>
> 每次你完成创造，你都凝聚了一股生命力。既然生命孕育生命，这种能量就要通过新的创造来扩大它的表现力。在完成阶段，你的存在为另一个创造行为做好了准备。
>
> 罗伯特·弗兰兹
> (Robert Fritz)
>
> 我们的态度制约着我们的生活。态度是一种神秘力量，无论好坏，每天24小时一直发挥着作用。最重要的是，我们知道如何利用和控制这股强大的力量。
>
> 汤姆·布兰迪
> (Tom Blandi)

这种心智能力并不只是伟大人物的独有能力，他们只是学会了利用我们所有人都具有的潜能。潜意识处理模式识别，比如不自觉地发现很多人开着跟你一样的车，但超意识则处理预感和灵感。许多人在行动前都有过受到提点的经历。一般情况下，预感是一种直觉；当预感完全成熟时，它是一种有关该做什么、该去哪里，以及该如何进行的完整设想。

要进入超意识思维，就像进入潜意识一样，只需通过思考正确的想法来控制它。

承上启下接着说

你的潜意识、超意识和宇宙对你的愿望毫无偏袒，只回应你的积极意图。

你的思想触发情感和传递信息的化学物质，它们共同影响着你生命中的细胞。因此，你的身体、思想和情绪的振动一起被编码，并像电池一样继续向外辐射能量。

每个生物都有一个不断变化的电磁场，它传递能量，并以同样的方式吸引能量。

当我第一次接触到积极思考的学说时，我对自己态度相当消极这一事实视而不见。在思考了几天积极的想法之后，我想知道为什么我的生活中仍然会出现消极的人和情况，而且开始认为整个学说都是垃圾。我需要了解的是整个身体，而不仅仅是心灵和情感，它们都传递着宇宙所回应的能量。

应该追求成功而不是完美。记住，完美主义背后总是隐藏着恐惧。

自相矛盾的是，直面你的恐惧，让自己有权保留人的本性，这可以让你成为一个更快乐、更有建树的人。

大卫·伯恩斯博士
(Dr. David Burns)

你定意要做何事，必然给你成就。

《圣经·约伯记》
(*Job* 22:28)

我思故我在。

勒内·笛卡尔
(Rene Descartes)

只有保持一段时间的积极关注，我才能改变思想的振动状态，创造一种新的主导能量和吸引力，从而把新的人、新的情况和新的经验吸引到我的生活中来。

我经历了一次崩溃才实现了个人突破，看到了我自身以及我所面临的真实情况，释放了我长期积蓄的沉重情感能量，这让我得以向更高的层次迈进。

在接受同样的教训之前，你不必经历如此极端的事情，只需自愿提出这些关键问题：我的激励能量是什么？我的内心是恐惧还是爱？我关注的是对还是错，是问题还是解决方案？

原则 7：参与发展

我们生活在一个伟大的网络互动和信息自由的时代。要利用它并为之做出贡献。

LIFT 原则的第七个也是最后一个原则，要求在评估机会、寻找答案、决定人生方向和目标时考虑他人。与前六项原则一样，这项原则也有许多方面，可通过多种方式加以应用。

首先，要这样问自己："我知道谁能帮我做出这个决定、克服这个困难，或者实现这个目标吗？"

> 在充满变化的时代，学习者们继承了这个世界，而博学的人发现自己拥有足够的能力去处理一个不复存在的世界。
>
> 埃里克·霍弗
>
> 不提问题，永远不会知道答案。
>
> 佚名

从别人积累的知识、经验和智慧中获益，从来都不容易。有提供专业信息的书籍，也有提供专业服务的专家，我们还可以访问互联网查阅丰富的信息。

这个涉及多方面的原则也指通过求助于自己的内在智慧，调动自己，复归自己，发展或提升你的理解力。可尝试以下体验：

- 独自静坐，牢记目标或挑战，保持积极的专注状态。
- 保持直立姿势，背部挺直，呼吸有节奏。用鼻子吸气，直达丹田，然后用嘴呼气。
- 呼吸一分钟后，用舌尖顶住上颚，这有助于激活你的右脑。

在这种精神状态下，你正在向自己的内在智慧和更高的指导层次敞开心扉，你会开始收获答案、洞见和想法。许多人从如下想象中受益：他们有一个顾问团队，由历史名人组成，帮助他们做出决定、找到答案。

作为这一原则的最后一点和重要问题，你要问自己："如果我做出这个决定，走这条路，抓住这个机会，或者追求这个目标，它会对那些同我相关的人，如家人、朋友和同事产生怎样的影响？”

LIFT 七项原则：

- 提高认识。
- 发展可能性意识。
- 找到平衡。
- 明确目标。
- 具备充分反应能力。
- 保持积极的关注焦点。
- 参与发展。

无论运用这些原则来制订一个符合特定情况的解决方案，还是指导你走完人生道路，它们都是永恒的指导原则；无论你选择什么道路，都能使你受益。

· 第四章 ·

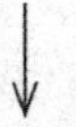

路标指引方向：目标表现法则

七个自然的表现法则，就像七个路标一样，指引你走向成功。跟着它们走，你就会到达理想的目的地。

表现，就是让你耳聪目明，头脑清晰。我们在生活中表现出来的是内心思想、感情和行为。为了表现我们的明确意图，我们需要遵循创造的自然法则和跟随心灵的成功原则。

支配创造过程的原则和法则在性质上具有根本性，数量并不多。本书从头至尾，通过各种方式对这些原则与法则进行探索和扩展，力图使你能够理解目标规划法得以建立的基础。在本章简明阐述的表现你的梦想与目标的七条最基本法则，有助于你在踏上目标规划旅程之前就走上成功的正路。

法则 1：相信自己和目标

自信，就像是开启或关闭个人能力的阀门。

1954 年 5 月 6 日，罗杰 • 班尼斯特（Roger Bannister）创造了历史。他实现了自己的目标，成为历史上第一个有记录以来在 4 分钟内跑完 1 英里[1]的人。许多人多年来一直试图取得这一伟大成就，但没有成功。医生声称，这超出了人类能力的极限，而大多数人也认为这在生理上是不可能的。

真正使我感到惊奇的是，就在罗杰 • 班尼斯特证明所有这些怀疑论者都错了的几天之内，世界另一边，一个叫约翰 • 兰迪（John Landy）的人也打破了 4 分钟跑完 1 英里的长跑纪录。到 1957 年底，另外 16 个人发现他们也能做到这一点。如今，即使是高中生，也有人在 4 分钟内能跑完 1 英里。那些追随班尼斯特脚步的人是更健康，还是学到了新技术？答案是否定的。班尼斯特成功后唯一改变的是人们拥有了一个新的信念，即 4 分钟内可以跑完 1 英里。一旦其他人相信了这一点，也可能取得与罗杰 • 班尼斯特相提并论的成就。

正如第一章指出的那样，我们的信念极其强大，时刻影响着我们的精神、情感和身体状态。我们所持有的每一种信念，无论是积极的还是消极的，都是一种我们已经视为真理的思想，因此不断地对我们的潜意识下无声指令。我们持有信念的时间越长，其情感能量就越强，习惯模式就越是根深蒂固。

---

1. 1 英里 =1609.44 米。

思想创造情感，影响行为。反复浮现的思想被信以为真，成为信念；情感变成态度，行动又变成习惯。（见图 4）

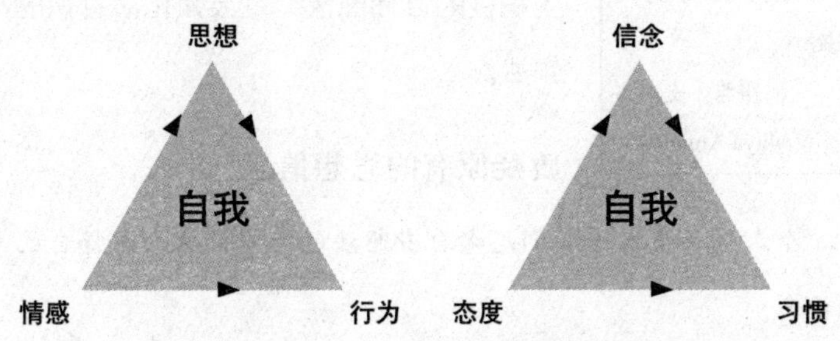

图 4　思想 – 信念循环图

如果你设定了一个目标，但不相信自己会实现，那么这种限制性的信念就会成为你的“恒常指令”；作为一个更强大、习惯性的想法，它可能会压倒你设定新目标的打算。这就好像你的目标思想是你意识中的一个闪光点，而你的限制性信念就相当于一个持续不断的呻吟。因此，潜意识会继续服从你的信念，表现出你的局限性，而不会听到你的目标指令和心愿。

> 自然与智慧永不相悖。
>
> 尤维纳利斯
>
> （Juvenal）
>
> 除了那些敢于相信自己内心的信念比周围环境优越的人以外，没有人能取得了不起的成就。
>
> 布鲁斯·巴顿
>
> （Bruce Barton）

为使你的成功念头变得比限制性的失败信念更强大，重要的是想象自己实现了目标。潜意识无法将一个反复想象的念头同现实区分开

> 其他人所能做的事情我都能做。这是一个同战争与生活相关的伟大经验教训。
>
> 玛雅·安杰洛
> (Maya Angelou)

来。目标规划法的作用就是在这项任务中帮助你，使你的具有创造性的右脑产生积极的目标图像，每天强化潜意识的想法。

质疑原有的思想信念

个人的伟大源于我们思考自身想法的能力，从而选择自己的信念。

我们赖以观察生活的各种范式当中，已经包含着我们对现实的认识。为了树立新的可靠信念，并从目标图中获得最大收益，有必要消除陈旧的限制性消极信念，避免对人和情况随意做出假设。你对自己、他人和周围世界的认知范式越中肯，你就越有能力表现心愿，实现目标。

> 与我们的内心世界相比，那些从前与往后发生的事情是微不足道的。
>
> 奥利弗·温德尔·福尔摩斯
>
> 你在任何事业上获得成功的机会，总可由你对自己的信心来衡量。
>
> 罗伯特·柯里尔

你所持的每一个认知范式都像一幅图画，每一个信念都是一幅有助于构成整体形象的绘画作品。要使你的认知范式成为焦点，可通过下述问题来调整自己的信念：

◆ 我从何处获得了这个信念?

◆ 这是我的想法还是别人的想法?

- 当我接受这个信念时，它对我来说符合事实吗？现在对我来说，它仍然符合事实吗？
- 我知道谁和我一样，能做那些我认为自己做不到的事情吗？

提过足够多的问题后，你会意识到限制性的信念只是一种观点。如果没有任何物质来支持它，它只会逐渐消失，从而让你的全部力量展现出来。

法则 2：平衡目标

平衡生活的第一步，是取得各种意图之间的平衡。

生活本身是最伟大的老师。每一次经历，无论是喜剧还是悲剧，都是学习的好机会。然而，我们只有在情感和精神上保持平衡，清楚地看待自己和生活，才能从失败中汲取经验教训，并将其运用于实现未来的目标上。任何失衡都会导致错误的认知，遭到外部责难和辩解，而不会增强自身的反应能力和个人潜能。

要想在你的自我和生活中找到平衡，首先要实现思想和情感的平衡，这有助于你实现自己的目标，强化生活平衡状态。这个过程将成为一个向上的自我提升循环过程。

本书第 79 页上的练习，旨在帮助你重点关注生活的主要方面，查看它们是否处于平衡状态。如果你还没有完成练习，我建议你现在就做，因为这会帮助你确定优先目标，实现自我的最大平衡。

我在自己的生活中制定了一条规则：每年两次，在 1 月和 7 月各开展一次一般性或整体性的目标设定活动。我的目标通常是在以下方面建立平衡：

- 个人发展目标，比如我想要获得的新技能或新素质。
- 职业目标，以我的专业能力和工作成就为中心。
- 财务目标，重点是收入、储蓄或投资水平。
- 健康和健身目标，重点是饮食、清洁和锻炼。
- 奖品和冒险的目标，比如我想去的地方，我选择给自己的奖励。
- 生活质量目标，包括家庭和家庭生活，由我和妻子共同决定。

我利用平衡练习（见第 79 页）来确定任何平坦的区域：这些区域成为重点关注的区域，以使我的生活达到平衡状态。这个过程不仅帮助我达到一个良好的平衡状态，也让我的生活充满乐趣，平和顺利。

> 当你责怪别人时，你就放弃了改变的能力。
>
> 罗伯特·安东尼
> (Robert Anthony)
>
> 过一种平衡的生活——既要每天学习、思考、画画、唱歌、跳舞、玩乐，也要每天工作。
>
> 罗伯特·富尔格姆
> (Robert Fulghum)

合理安排时间

短期、中期和长期目标都能帮助你实现梦想。

> 当我意识到小事会产生什么样的重大结果时，我就认为没有小事。
>
> 布鲁斯·巴顿
>
> 只要把事情拆分成若干小任务，就没有什么事情是特别难办的。
>
> 亨利·福特
>
> (Henry Ford)

当你要在生活和目标中取得平衡时，重要的是考虑在每方面花费的时间是否合理，综合设定长期、中期和短期目标。实现一个简单的短期目标可以鼓励你，增强你的自信心，使你更容易达到下一个目标。短期目标可在几小时或几天内实现，中期目标可在几周或几个月内实现，而长期目标则需要一年或更长时间。

如果你有一个持续的目标，但没有结束日期，那么这根本不是一个真正的目标，而是一个目的或人生方向。为了在实现持续目标方面取得进展，最好是在实施过程中设定许多类似里程碑的小目标。

推波助澜

在促使事情发生和任由事情发生之间找到平衡，推波助澜。

最后，为了让这条法则起作用，在你实现目标的方法上寻求平衡，在所有的表现行为中，力争在促使事情发生和任由事情发生之间取得平衡。如果在你树立目标的过程中过于强势或自负，你最终会得到在某种程度上有害或不可持续的结果，因为你操之过急。如果你过于被动，坐等目标实现，你可能要等待很长一段时间，因为这样不会产生足够的能量促使目标实现。

助力你的目标实现，这是关键的一点，也是平衡点。宇宙知道你实现目标的最佳时间和方式。你要知道，宇宙正在与你一起合作，你应该根据以下不偏不倚的肯定说法来确定你的意愿，顺势而动："如果是为了我的最高利益和所有人的最高利益，那么……（陈述你的目标）。"

不断关注你的目标，知道它们已经存在于某个层面上，你的任务是通过思想、言语和行动把它们在现实中树立起来。关键是以心愿为前进动力，而不是以需要为前进动力。

法则 3：活在当下

向过去学习，展望未来，活在当下。

有人说，注意力往哪里走，能量就往哪里流。关注过去，你和你的能量只停留在过去。关注未来，你和你的能量则指向未来。关注当下，你就与宇宙的真正力量联系起来，并展现出你的心愿。

回顾过去很重要，因为这是我们学习人生教训的主要方式之一。同样，展望未来也绝对重要，因为这是创造未来的第一步。但我们必须把大部分注意力放在当下，特别是在寻求展现我们的心愿时，因为这是创造之所在。当下才最有魅力，因为一切都发生在当下。你所有的记忆都曾经是“当下”的时刻，你的未来是由即将到来的“当下”时刻组成的。完全置身于当下时刻，可使你有机会去创造美好的回忆，为未来播下优良的种子，成长为明天的收获。

> 活在当下，梦想未来，学习过去。
>
> 佚名
>
> 最佳植树时间是20年前，其次是现在。
>
> 中国谚语
>
> 记忆和期望的影响力是这样的：对大多数人来说，过去和未来并非现实，却比现在更加真实。
>
> 艾伦·瓦兹
> (Alan Watts)

遗憾的是，有些人陷在了过去，无法放下过去的错误、怨恨，也不能释怀错过的机会。另一些人则专注于未来，为自己制定快乐的规则。他们一般的心态是：当我得到升迁、取得成就，或遇到人生中合适的人时，我会感到幸福。然而，幸福是一种当下的体验，它发生在当下，而不是彼时。学会对生活此刻拥有的一切感到满意，可以产生正确的感恩能量，帮助你实现人生目标。下面这句古老的梵文诗说得很好：

好好珍惜今天吧，因为这是生命，是生命中最美好的时光。

在它短暂的历程中，呈现着生命的全部现实和真理——成长的喜悦，行动的豪壮，权力的荣耀。

因为昨天只是回忆，明天只是憧憬。

但是今天活得美好，会让每一个昨天成为幸福的回忆，让每一个明天成为希望的憧憬。

要珍惜今天的好时光。

4500年前，人们在古巴比伦遗址的一块黏土碑上发现了这一智慧。今天的情况和当时一样，4500年后仍然如此。它体现了一个基本真理：尽管情况和环境会不断变化，但某些真理是永恒的。这条原则包含的真理是：世间万物均活在当下，如果我们要做到最好，实现我们的真正愿望，我们必须活在当下。

法则4：用现在时态陈述目标

过去是历史，明天是个谜，今天是礼物——所以人们称之为当下。

有许多解释可以应用于生活在当下，在最基本的层面上，它意味着只需关注、在场和保持充分联系。实现这一目标的最佳方法之一就是陈述你的目标，用现在时态的语言表述你的心愿。

> 不要让你不能做的事情干扰你能做的事情。
>
> 约翰·伍登

用现在时态陈述你的目标对于有意识地展现自我是必要的，因为创造总是存在于当下。同样，只有在此刻，你才能真正负起责任。根据过去来选择你的回应，你就是被动的，选择未来的应对方式是主动的。但只有活在当下，你才能获得展现于当下的理想的自然反应。

梦想成真

把思想变成现实。

在宏观层面上，宇宙存在于当下，在微观层面上，宇宙存在于我们个体的潜意识和超意识当中。时间存在于我们有意识的思维当中，将现在时刻划分为过去、当下与未来。但我们的潜意识并不是这样运作的；像宇宙一样，潜意识存在于在当下，对现在做出反应。

许多人陷入了用将来时态表达目标的陷阱，这意味着未来是目标的所在。这是无意的，但通过左脑思维和有意识的思维，他们会认为这样的想法是合理的：如果他们还没有实现自己的目标，那么他们的愿望就必须以下述方式呈现出来："我想做""我会做"或者"我打算做"。这些陈述和其他类似的陈述所面临的挑战是，它们将你的目标放在未来，而你的潜意识心愿则存在于现在。

如果你陈述了一个目标或心愿，比如"我想要快乐、健康或富有”，那么你真正实现的就是“想要”。明天早上醒来，你想要快乐，健康或富有；第二天你只会实现“想要”的心愿，因此它会继续存在下去，因为你的陈述会永远使你无法实现自己的目标。

应该意识到，此时此刻你正在创造，你正在创造你的下一刻。这才是真实的。

萨拉·帕迪森

（Sara Paddison）

现在要开心点，这就够了。每时每刻就是我们所需要的，而不是更多。

特蕾莎修女

毫无疑问，除了当下的唯一目的外，再无其他。

人的一生是一个又一个时刻的延续。如果一个人完全理解当下，就没有别的事情可做，没有别的事情值得追求了。

《叶隐》（*Hagakure*）

你的潜意识有一个潜在的承诺，要让你和你的生活符合你的主导思想和信念。如果你认为能做什么，你的潜意识就会把这个想法当作指令，并开始努力实施。然而，这并不是认为未来可以有所作为的想法激发了你的潜力，而是想象你自己正在实现这一目标，并且你将它融入生活当中这一做法，使得你的潜意识积极行动起来。

锁定梦想

将想象转化为实现。

长期以来，即时发声言语是各种灵修团体的一种做法。他们吟唱出自己的心中所想，或提醒自己在不断地做什么，以保持意念集中。

同样，如果你练习想象，关键是要看到你自己正在生活中实施目标，仿佛它已经存在，并且已经实现了一样：看到它，说出它，感觉它，品味它，细嗅它，然后你会开始相信它，让你的潜意识做出快速反应并实现它。

法则 5：用积极时态陈述目标

你的话就是你的魔杖，依靠智慧去运用它。

我们保持专注，用思想、言语和行动创造我们的世界。所有的思想能量都是创造性的，自带吸引力。但是一个与强烈情感相联系的思想被大声说出后，它的振动程度更加猛烈，力量也得到增强。当说出的思想被付诸行动时，它们会变得更加强大。最强大的人，莫过于能说出自己的想法，然后言出必行的人。相反，口是心非、言行不一的人，通常都会遭人鄙视，从而削弱自己的力量。

你的语言反映了你的心态，你的心态反映了你的主导思想和信念，你的主导思想和信念则是超意识和潜意识发出的永久指令。为使自己拥有积极的想法，产生真正的力量，统领乾坤，重要的是采用积极的言语，保持思想、感情和言行之间的完整统一性。

> 在表达感激之情时，我们决不能忘记，最大的感激不是用语言能够表达的，而是要常怀感恩之心。
>
> 约翰·F. 肯尼迪

注意你的语言

你怎么看，就怎么说。

在早期的培训生涯中，我设定了一个提高记忆力的目标，决定学习记忆技巧。第一步是反思自己的想法和言论，不再对自己说“我的记忆力很差”。我也需要不再用消极方式指挥别人，说一些诸如“别忘了”之类的话，而我真正的意思却是“请记住”。我们很容易陷入发出下意识消极指令的陷阱。

我现在和一些儿童治疗师一起工作，他们大部分工作时间不是和孩子一起度过，而是和家长一起度过。小孩子特别容易受到别人对自己评价的影响，因为他们没有建立起足够强的自我意识（有意识的头脑）去质疑，他们的潜意识只按字面意思接受指令。如果你怀疑暗示的力量，问问自己当你对孩子说“不要碰”时会出现什么情况！孩子很可能会立即触摸你不让碰的任何东西。同样，反复告诉孩子不要“那么笨拙、愚蠢或懒惰”，只会产生那些负面的结果。记住，潜意识无法做出价值判断。这意味着，“不要做”强调“做”，而“不再”则被理解为“更多”。

> **我们期望什么，往往就得到什么。**
>
> 诺曼·文森特·皮尔（Norman Vincent Peale）
>
> **我们不应该让恐惧阻碍我们追求希望。**
>
> 约翰·F. 肯尼迪

检查你自己的自言自语，看看是否有负面评论和潜意识指令。你在清醒的意识中可能知道，你并不真的想听它们调遣。但除非你因为想获得积极的支持声明而改变它们，否则它们仍然是潜意识指令，束缚你的手脚。

积极思考

寻找最美好的东西——在你自己身上，在你的生活中，在别人身上——你会找到的。

积极思考不是为了快乐而快乐（尽管这是一个好主意，一个有价值的目标），也不意味着忽视消极的想法。（如果你对生活中的陷阱视而不见，你最终就会跌进去。）积极思考是一种寻找最佳前进道路的策略，朝着持久的幸福、平和与富足的方向前进；它是一种获得成功的技巧，可使我们发现困难中的机遇，风暴中的一线曙光。

无论我们关注的目标是什么，都会在我们的意识中逐渐凸现出来，通过吸引力法则使我们更接近它。在关注问题的过程中，我们会发现更多问题，但如果关注问题的解决方案，就会朝着这个目标前进。寻找自我，会提升自尊，建立自信。寻找自身生活中正确的东西，会发现机会并找到解决办法。在别人身上寻找正确的东西，会创造和谐、平和和协同作用。

应该指出的是，你必须表明自己想要什么，而不是害怕什么。这听起来可能是显而易见的，但事实上许多人在没有意识到自己想做什么的情况下便设定了消极的目标和心愿。有一个与债务有关的典型例子。许多年前，我的家族企业欠债近100万英镑，当时我设定了一个摆脱债务的目标。但是我犯了一个错误，我用否定的字眼表述了这个目标："我不想再欠更多的债。"这个目标和表述形式实际上产生了一幅"负债更多"的思想图景，而实际上我并不希望这样。结果却是：在很短的时间内，我负的债比以往任何时候都多。

> 别纠缠于谁对谁错，重要的是找到解决办法。
>
> 亨利·福特
>
> 当你把目光从目标上移开时，你看到的就是问题。
>
> 布莱恩·特雷西
>
> 要从生活中得到你想要的结果，必不可少的第一步是决定你想要什么。
>
> 本·斯坦因 (Ben Stein)

我意识到自己的错误后，重新设定了目标。这一次，我用纯粹的积极语言表述了这个目标："我在经济上是自由的。"这种积极的陈述和肯定在我的脑海中创造了一个积极画面，成为潜意识自动发挥作用的一个强有力的积极目标指令，帮助我向前迈进，发现增加收入的机会。这也成了我心中一幅非常鼓舞人心的成功景象，帮助我在偿还债务和走向富裕的多年征程中继续前行。这一原则同样适用于所有形式的目标，无论是专注于克服上瘾、改变习惯模式，还是在生活中向前奋进；你应该总是用你所渴望的积极因素来陈述目标，而不是用你想消除的消极因素。

法则 6：用个人语言陈述目标

你只能为自己设定目标，不能为别人设定目标。

为了让任何目标在潜意识或超意识层面上运作，它必须是你个人相信的目标。因此目标必须由你来设定。你真的不能为其他人设定目标，就像没有人能为你设定目标一样。你是自己的潜意识精灵的主人，你的精灵只为你工作。

我经常遇到一些人对设定目标的想法持抵触态度，因为这个想法在过去的某个时候被强加给了他们，也许让他们对要设定的目标没有发言权。可能是善意的父母、老师或老板说过："这是你需要做的，所以设定一个目标，然后去实现它。"

> 我们要征服的不是高山，而是我们自己。
>
> 埃德蒙·希拉里爵士（Sir Edmund Hillary）
>
> 永远记住，你自己获得成功的决心比其他任何事情都重要。
>
> 亚伯拉罕·林肯

多年前，我错误地设定了一个目标：帮助某人找到一个合适的伴侣。但这不是对方的目标，只是我的目标，所以最后没有实现。在我讲课时，有时会有人问我："我怎样才能改变我的丈夫/妻子？"我回答说："好吧，你可以尝试找一个新的丈夫或妻子，因为你不能改变一个人。只有一个人自己想改变，他 / 她才可以发生改变。”

我在公司工作时，亲眼看见过经理们向他们的团队宣布最新目标，却没有意识到目标只是他们的目标或公司的目标。它不会成为团队的目标，除非团队成员拥有某种形式的所有权。

> 个人对集体努力的承诺——这是团队、公司、社会与文明运作的基础。
>
> 文斯·隆巴迪
>
> (Vince Lombardi)

其他人可能会确定目标，但除非你亲自认可，否则它并不会真正成为你的目标。我们每个人都有自己的自由意志；我们每个人都创造出自己的生活现实；我们每个人都有个人潜意识精灵来帮助自己实现目标；我们每个人都能对自己所指挥的潜意识任务做出个人反应。

法则 7：考虑延迟时间

在思想和创造之间要留有时间余地。

想想你眨眼的时候会发生什么情况。思考一个想法和取得结果之间的时间间隔相对较短（除非你用另一个想法推翻它，并且让你的眼睛睁着）。设定目标与实现目标之间的滞后时间，更多地取决于信念强度和信念的一致性，而不取决于身体环境和个人能力。简而言之，实现任何目标的最基本要求是让实现的念头盖过失败的念头。

所有的目标都是相对的。对你来说是一个大目标，但对别人来说可能是一个小目标，反之亦然。大目标意味着它远远超出了你现在的生活境况和你的自我境界，意味着你需要成长，无论是在自信还是身体能力方面。信念最重要，因为信念可以调节身体的能力。

几年前，当我设定通过自学提高读写能力的目标时，我给自己规定用 12 个月的时间实现目标，而且我确实用了 12 个月的时间。我结合学习阅读的目标，还设定了一个写书的目标，以便有一个可衡量的成就尺度。为此，我给自己 18 个月的时间完成任务，心想如果学习阅读需要 12 个月的时间，那么写书还需要 6 个月的时间。

18 个月过去了一个又一个……书还没有写成。一开始我很沮丧，甚至开始责怪、抱怨设定目标不起作用。然后我想起了一位导师对我的教诲："布莱恩，如果事情没有按你的计划发展，那就从头到脚给自己做个检查。在你专注于细节之前，首先要检查你的关注重点，一定要使你对情况的估计中肯、准确、清晰，然后再着眼于细节。"

一旦我选择专注于正确的事情，我就意识到我在这段时间内收获很大；我只需要重新为这本书设定目标。我再次给自己 18 个月的时间，而当 18 个月再次过去时，书还没有写成。与从前一样，我又陷入了消极的困境，但只是很短的一段时间。我很快就反省自己，把注意力集中在积极的方面，

> 我认为没有什么比毅力更能保证成功的了。它几乎征服了一切，甚至大自然。
>
> 约翰·D.洛克菲勒
> (John D.Rockefeller)

并认识到在规定的时间内，我已经提高了写作能力，发表了几篇文章；所以我决定重新设定目标。

我总共花了4年多时间才达到出版一本书的目标。不过，重要的是，这并不是我在那段时间里唯一在做的事情。实际上，我花了相对较少的努力就达到了目标。真正花了4年时间的不是写作活动，而是树立起“我能行”的信念。

拉弓射箭，有的放矢

这是你的权利和力量。

设定目标就像射箭：目标越是雄心勃勃，射箭到达目标所需的时间就越长。第一步是弓箭手通过设定一个目标来决定瞄准的位置；下一步，弓箭手必须集中力量拉弓，创造一个强大的主导思想图景；最后，弓箭手把箭射出去，等待它击中目标的延迟时间。

无论你的目标属于什么类型，是大是小，一定要考虑到想象实现与真正实现之间的延迟时间；许多人拿不出足够的时间让他们的潜意识精灵创造奇迹。

如果你花费很多年的时间消极地和自己交谈，或者持有一种限制性的信念，那么你需要花一点时间来积蓄积极愿望的力量，使其占据主导地位。你设定和回顾的目标次数越多，它们的力量就会越大，你的潜意识也会更快地实现这些目标。无论花上多长时间，都要忠于自己的梦想。定期回顾并重申你的目标，记住要考虑到时间滞后的情况。

这一步，选择一个目标并坚持下去，就会改变一切。

斯科特·瑞德
(Scott Reed)

未来属于那些相信梦想之美的人。

埃莉诺·罗斯福

· 第五章 ·

做好目标准备

为有意义的目标真正做好准备，需要采取前面讲过的所有措施。它可能需要终生合情合理地贯彻实施，也需要心悦诚服地投入其中，不事雕琢。

心理准备：DAC 三要素

你选择做什么样的人，你在做事情时就拥有什么力量，也会使你取得相应的结果。

为了水到渠成地实现你的目标，与创造的基本法则相协调，重要的是你要尊重自然的成功顺序：为了取得理想结果，在行动之前应该先确定自己要成为什么样的人。

我们想要实现的任何目标或想要取得的任何结果，总是通过我们的为人显现出来，而不是通过我们在做什么显现出来。

无论任务是相对平凡，只需低水平的技能和知识，还是属于需要较高水平技能和知识的专门活动，我们仍然要表现得热情、耐心、勇敢；这不仅决定了我们实现目标的数量，而且也决定了质量。

> 准备与机会的相遇，产生的结果我们称为运气。
>
> 安东尼·罗宾斯
>
> (Antonym Robbins)

DAC 三要素：内驱力、态度与信心

就像骑自行车的能力一样。

想象一下，你的日常活动无论是工作、爱好，还是日常责任，就像骑自行车一样。

自行车后轮代表你的技术知识和技能，没有它，你的自行车寸步难行。从入学那一刻起，我们就开始学习技能，积累技术知识。随着我们在学校的进步，我们的知识和技能变得越来越着眼于职业选择。中学毕业后进入高校学习或者从事一种职业，我们的技术知识和技能范围变得更加精细。

无论你每天做什么，资历如何，你可能积累了大量的特定知识，使你能够在日常活动中取得各种成果。如果你要我接管你那天的工作，在某种程度上我可能会不知所措，直到我掌握了你的一些技术知识和技能。你选择的职业或活动越专业，需要的知识和技能就越具体。然而，无论车技如何，每个人的自行车必须有一个后轮，这样才能在生活中来去自

信心，只有依靠诚实、荣誉、神圣的义务、忠诚的保护和无私的表现才会日益增强。离开这些，它就无法存在。

富兰克林·D. 罗斯福（Franklin D.Roosevelt）

成功没有秘诀。它是提前准备、努力工作和从失败中学习的结果。

科林·鲍威尔（Colin Powell）

如，有所作为。

自行车前轮的主要功能是什么？掌控方向。前轮是你的方向盘，相当于沟通能力和影响力，代表你的社交技能，这些技能是在很长时间里发展起来的。

自行车是一个比喻，关系到你所做的一切：后轮代表你的技术知识，前轮代表你的人际交往技能。但毫无疑问，你每天早上起床后要亲自蹬自行车。

有时我们"猛踩踏板"，努力去做我们选择的事情，而有时候我们感觉不一样，找一些平坦的地面"骑行"，甚至找一个斜坡"滑行下去"。我们"猛蹬踏板"的日子和我们在斜坡"滑行"的日子之间的区别，源于我们的"心态"和三种核心品质，即 DAC 因素：

- 内驱力（Drive）。
- 态度（Attitude）。
- 信心（Confidence）。

培养并发挥上述三个核心品质的能力，决定着你在生活的任何方面能有多成功，无论你选择专注什么。

最近，一位年轻学者向我指出，培养一种具有高层次内驱力、态度和自信的“成长心态”，不仅决定你的自行车后轮动力有多好，还决定你在第一时间开发了多少后轮潜能。如果你年轻时具备上述三种品质，你会认识到教育的价值，并充分利用它；否则，你会得过且过，一路下滑，最终辍学。与其说生活的进步与我们所穿越的地形有关，不如说与我们骑车时的为人有关。

不断进取

我们每个人目前的主要目标是不断发展，成为最好的自己。

内驱力（能够激励自己）、态度（保持积极专注的能力）和信心（真正的自信）这三个核心品质中的每一个都能让你实现目标，这些品质会在目标设定过程中得到进一步发展。有一个目标、一种方向感或一个令人信服的目的，会激发奋进动力和力量，使人生趋于稳定。正是对目标的追求，让我们走出舒适区，施展才华，专注于解决问题，树立信心。

> 品格对人的性格，犹如碳对钢的质量一样重要。
>
> 佚名

我们在生活中遵循“不断进取”的首要原则时，我们的实际目标便反映出我们内在的伟大之处。如果违反这个原则，任何外在的成功都无法弥补我们内在的缺陷。

现代社会面临的一大挑战是，我们常常将不断进取的这一自然冲动误解为一种信念，认为幸福是通过拥有更多的物

> 旅途就是回报。
>
> 道教谚语

> 自我征服是最伟大的胜利。
>
> 柏拉图
>
> (Plato)

质财富来实现的：更多的钱，更大的房子，更快的汽车。这种认知模式是许多痛苦的根源。在实现这些目标的过程中获得的满足感是短暂的，除非它们与自我发展的成就相得益彰。在准备实现任何目标时，最重要的是，你一定是那个能够实现目标的人。

实际准备：准备目标图

把明天的计划做好。

任何一种目标设定技巧的有效性，无论专注于实现目标，还是培养性格品质，都取决于你是否能够将有意识的目标与潜意识联系在一起。通往潜意识的主要途径是右脑，而右脑擅长形象思维。在某种程度上，每个人都会运用形象思维，即使他们并非总是意识到这一点。

许多人错误地认为，他们不会想象，因为他们看不到清晰、明亮、多彩的画面，但这并不意味着他们不会通过形象或想象来思考。

对许多人来说，脑海中闪现的画面非常短暂，有时数量很多，他们完全没有意识到。然而，你只需要躺下来，放松身心，闭上眼睛，你的内心画面就开始进入你的意识当中。

你梦见的是文字还是画面？总是画面。你可以在梦中听到话语，就像你可以听到自己在思考一样，但话语总是思维图景的反映。正是因为这个缘故，目标规划既运用文字，也运用图像来完全激活你的整个大脑，并与你的潜意识形成一种深层次的联系。

在继续阅读下一章并创建你的第一个目标图之前，如果你打算在纸上绘制目标图，就需要提前做好一些准备。登录www.goalmapping.com，你将收到一封表示欢迎的电子邮件，其中包含可打印的左脑和右脑目标规划模板和简短说明。你也可以把目标图画在一张空白的纸或卡片上。我强烈建议在前两个目标图中使用模板，因为它们有助于你继续遵循该方法中包含的七个步骤。一旦你熟悉了这个过程，很快就会发现可用一张白纸从头创建目标图。

由于颜色可以强烈刺激右脑，所以我也鼓励你使用彩色笔（我最喜欢纤维笔尖），还有铅笔、钢笔、橡皮和格尺。

给自己留出一些不受干扰的安静时间来创建你的第一个目标图；至少要用一个小时的时间，之后再绘制目标图就快多了。

> 世界上最大的未开发区域是我们两耳之间的空间。
>
> 比尔·奥布莱恩
> (Bill O' brien)
>
> 目的明确的准备，是成功不可或缺的环节。
>
> 吉米·罗恩

> 音乐是通往记忆系统的州际公路。
>
> 特里·韦勒·韦伯
> (Terry Wyler Webb)

尽可能在安静的环境中创建你的目标图；如果难以做到，可使用本书第135页的放松练习，在你的头脑中创建一个安静的空间。

最后，音乐是另一种很好的右脑“兴奋剂”。许多人在规划目标的同时，小声播放使人愉快的音乐，从而受益匪浅。记住，播放的音乐一定要轻柔舒缓，使你镇静下来，赋予你灵感。

第二部分

掌控目标规划

· 第六章 ·

七步骤创建目标图

要成为一个伟大的生活建筑师，你必须先设想，然后提出一个伟大的计划。

积极思维是目标规划的基石，体现着改变与有意识创造的过程。没有它，有目的展现自我的能力将会大打折扣。我们现在知道：

> 事情为什么会发生改变的奥秘，是了解一切事物的关键。
>
> 詹姆斯·伯克
>
> (James Burke)
>
> 因为他心怎样思量，他为人就是怎样。
>
> 《圣经·箴言》
>
> (***Proverbs*** 23:7)

- 无论好坏，无论贫富，我们每个人都在塑造自己的生活。
- 对我们的生活和个人环境有影响的主要是我们的思想。
- 当一些人不断思考他们想要的结果时，会经常关注他们害怕的事

情。你选择关注什么，潜意识就开始创造什么。

要取得任何形式的成功，我们必须首先提出一个支配性的思维指令。有些人可能会像我以前那样想："为什么不干脆坐下来，闭上眼睛，想象或者思考一下我的目标呢？我能否连续深入思考 30 分钟，让一个想法成为我潜意识的主要目标？"

"为什么不行"是因为你很难只考虑一个想法。一般来说，人们在几分钟后就会分心、感到不舒服或困倦。他们的思想在不知不觉中迷失了方向。

> 思考是最困难的事情，这就是为什么很少有人这样做的原因。
>
> 亨利·福特
>
> 在纸上写完待办事情之前，不要开始新的一天。
>
> 吉姆·罗恩

然而，实施以下七个目标规划步骤，写出并画出你的实际目标图，展现目标的轨迹，这样会在你的脑海中产生一个镜像或思想图景：展现目标的轨迹，让你的潜意识精灵去遵守的支配目标新指令。

目标规划的七个步骤：

- 梦想："我想要什么？"
- 重点："我的重点是什么？"
- 图画："看上去是什么样？"

◆ 原因：“我为什么想要它？”

◆ 时间：“什么时候得到它？”

◆ 方式：“怎样才能做到？”

◆ 外援：“需要谁的帮助？”

这七个步骤是任何形式的有意识创造不可或缺的环节。也就是说，任何人要想取得任何成就，都要以某种方式采取这七个步骤，因为它们是成功的关键问题，例如：“你想要什么？”“重点是什么？”“你为什么想要它？”“什么时候得到它？”“怎样做？”“谁会参与？”

问自己这些问题，并根据答案采取行动，这对于任何形式的有意识创造都是必不可少的。目标规划是为了引导你顺利通过这些阶段的规划，在图文并茂的目标图中找到自己的答案，而此图又可起着明确的提醒作用，加强潜意识指令。

通过创建目标图的过程，你会严格遵循积极思考的原则，专注于你想要的结果。随后，你每天都伴随着目标示意图生活，这有助于维持你的潜意识指令，有意识地展现自信心，展现对目标的信心以及对梦想的承诺。

为了获得目标规划定位的能力，你需要亲自创建一个目标图。仅仅了解这项技巧还不够。有些人，也包含以前的我在内，声称知道自己想要什么，觉得没有必要将其以目标的形式明确表述出来。然而，心里装着你想要的东西，并不等于能够定义它并在纸上准确地表述它。

> 要把你的计划写出来……一旦写出来，便为无形的心愿赋予了具体形式。
>
> 拿破仑·希尔

思想可以转瞬即逝，头脑可以欺骗人。任何形式的表现过程总是包含提升自己心愿的能量。一定要使你对成功的渴望盖过你对失败的恐惧。把未来的心愿写在纸上，会产生一个思想形态，通过吸引力法则，使它延伸到宇宙里，这很像把你的网抛进潜力的海洋。

第一步：梦想

你的心愿是什么？

确定心愿的第一步是梦想。这纯粹是发挥右脑的功能。右脑凭借想象和展望的天赋向前看，激活右脑可以让你“看到你想要什么”，从而开始你的奋斗旅程。

激活右脑的方式有很多，其中大部分涉及某种形式的放松和呼吸变化。如果你已经有了一个自己喜欢的方法，不妨运用它，或者只需按下面所说的去做即可。

放松

放松思想，顺其自然。

- 挺胸，舒适坐直，臀部紧靠椅背，双脚平踏在地，双手放在膝盖上，掌心向上。

> 除非先有梦想，否则一无所获。
>
> 卡尔·桑伯格
> (Carl Sanberg)
>
> 当我们找不到内心的宁静时，到别处去寻求它毫无意义。
>
> 肯尼斯·普拉特
> (Kenneth Pratt)

◆ 用鼻子深吸一口气，气沉丹田。屏住呼吸片刻，然后用嘴慢慢呼气，同时对自己说三次“放松”。

◆ 重复呼吸练习，这次说三次“我已放松”。

◆ 再次重复呼吸练习，同时说三次“身心已放松”。

◆ 你对自己的指令是：“放松—我已放松—身心已放松”。完全放松让人感到安全和愉快。我想让你想象一股放松的力量从头顶灌入，逐渐使你的身体所有部位全都处于放松状态。也许你可以把这种放松能量想象成白光。

◆ 想象一下真正放松头皮、前额、耳朵、舌头和下颌的感觉。现在让你自己完全放松这些部位，让它们在我们继续练习的过程中变得越来越放松。

◆ 你现在想象一下，这种放松的白光通过颈部、肩膀、手臂和手向下流动。使自己完全放松身体这些部位，让它们随着你的每一次轻松呼吸变得更加放松。

◆ 这种舒心的放松感觉现在渗透到你的胸部，逐渐使你的所有内脏得到放松，然后又触及你的臀部、大腿、小腿、脚踝、双脚和脚趾。

◆ 柔和的白色放松光波轻轻流过你的全身，温柔地抚慰、滋养每一个细胞。

◆ 接下来，轻轻地用舌尖抵住上颚片刻，想象自己漫步在美丽的沙滩上。头顶是湛蓝的天空，只有几朵白云；树木在夏日温暖的微风中轻轻摇曳，海浪轻轻地拍打着海岸线；当潮湿的沙粒溢满脚趾间时，你能感觉到它的细腻质地。

> 最宁静、最安逸的归宿，只存在于自己的灵魂之中。
>
> 马库斯·奥雷利乌斯

◆ 当你沿着这条安全而放松的海岸行走的时候，你的注意力突然被一个蓝色的小瓶吸引住了——它从沙滩上微微探出。你拾起瓶子，打开瓶盖。让你吃惊的是，一个长着亮晶晶蓝色大眼睛的精灵出现在你面前。

◆ 这个精灵说："你的心愿就是我的指令。你真正想要的任何'东西'我都会给你取来，你心中的任何'想法'我都会帮助你实现。"

我希望你现在能及时地使自己奔向前方，知道你有能力按着自己的心愿创造属于自己的生活。

问问你自己：

◆ 对我来说，怎样才算是成功？

◆ 我生活中的重要方面有哪些？

◆ 我每天的主要活动是什么？

◆ 我住在什么样的房子里？它在哪里？

◆ 我开什么样的车？

◆ 我选择什么样的工作？

◆ 我身边都是一些什么样的人？

> 没有梦想，就不能飞翔。
>
> 穆罕默德·阿里
> (Muhammad Ali)

> 只有在想象中，每一个真理才能不可否认地有效存在着。
>
> 想象力是人生的最高主宰者。
>
> 约瑟夫·康拉德
> (Joseph Conrad)

真正触及你的人生境况，然后注意生活在最佳状态时的感觉。

◆ 你是怎样的一个人？当你看到自己实现梦想时，你体验的主要情绪和特点是什么？

◆ 要看到所有的风景，听到所有的声音，体验所有的感受，记住有意识创造的关键原则："无论你能想到什么，相信什么，你都能朝着目标努力，并最终实现目标。"

> 宇宙是变化的，我们的生命是我们的思想创造的。
>
> 马库斯·奥雷利乌斯

> 不要制订小计划，因为它们无法激发人的热情。
>
> 尼克罗·马基雅维利
> (Niccolo Machiavelli)

现在闭上眼睛想象片刻。准备好之后，重新回到现实中来，带着任何能赋予你力量的洞见、打算或愿望。

在继续探索之前，请运用上面的想象练习，或者为了获得更强大的体验，请访问 www.goalmapping.com 网站。

在下面的横线处，使用简短语句，快速捕捉你的真知灼见。只需记下重要内容，哪怕是一个关键词也行，以后可以添加更多细节。

我对未来的愿景是：

我们在梦想中成长。所有伟大的人物，无论男女，都是梦想家。然而，有些人却任由自己的梦想破灭。你应该眷顾自己的梦想，保护它们度过艰难困苦时期，迎接必然到来的阳光明媚的那一天。

伍德罗·威尔逊

（Woodrow Wilson）

上面的横线你填写了多少？

理想情况下，为了平衡和选择，我希望你列出至少 5 个或更多的目标，涵盖不同的生活领域。但如果你真的只能想到一个，那就继续吧。如果你已经有了正在努力实现的目标，现在就把它们添加到列表中。让你的思想自由驰骋，以一切都有可能的方式进行练习。如果你要驰骋梦想，干脆就练习驰骋远大梦想。

有些人从小习惯认为做白日梦是浪费时间，但历史上一些最伟大的成功人士都是梦想家，一些最伟大的成就都是通过梦想来实现的。爱因斯坦曾被认为是一个好幻想的孩子，与同龄人相比，他较晚才学会说话。有人对他的父母说，他没有从事学术研究的智力、能力，他更适合读商学院。然而，在研究相对论时，他最大的突破是在做白日梦中出现的，幻想着乘一束光到达宇宙的尽头。

知道你想要什么

消除恐惧的迷雾。

有时候，在我主持的研讨班上，有人在设定一些目标时，大脑变得一片空白。这可能有很多原因，但通常主要原因可归结为某种恐惧。我第一次面对设定目标的练习时也遇到过这种情况。

我记得当时，我坐在那里，大脑一片空白，纸上也同样空白。在那一刻，我真的想不出自己想要什么。我的导师指出，我几乎欠了近100万英镑的外债，无家可归，也无法正常阅读或写作。“你肯定有什么需求吧？”他问道。

我当然有很多需求：一些实用的东西，一些基本的东西，还有一些纯粹令人愉快的东西。但我不相信我有能力得到其中的任何一样。为了避免失望，我告诉自己没有什么是我真正想要的。这很方便，因为这意味着我不需要走出舒适区，面对失败的恐惧。

当我意识到我是因为恐惧而束缚着自己的手脚时，脑海中的迷雾开始慢慢消散，一个鼓舞人心的未来渐渐展现出来。我花了一点时间培养设定目标的信念和想象力，不久之后，我开始通过一些具有冒险性和真正鼓舞人心的目标来激励自己。

> 当一个人凝视着一个石堆时，它就不再是一个石堆了，脑海里会浮现出一个大教堂的形象。
>
> 安托万·德·圣–埃克苏佩里

> 想象力比知识更重要。
>
> 爱因斯坦

> 幻想是一种艺术，能让你看到不易察觉的事物。
>
> 乔纳森·斯威夫特
> (Jonathan Swift)

> 心灵是一座豪宅，但大多数时候我们只满足于住在大厅里。
>
> 威廉·迈克尔斯
> (William Michaels)

> 人类面临的最大诱惑就是满足于所获太少。
>
> 托马斯·默顿

如果你在迈出第一步的过程中遇到任何困难，不妨安静地坐一会儿，听听你的内心（而不是头脑）在说什么。当你一头雾水，不知所措，或者试图为一些既不可能也不现实的事情辩解时，你的内心总是说得真切清晰。

看看自己是否有任何束缚手脚的恐惧；如果有的话，就当这些恐惧是在以某种方式保护你。然后，以鼓舞人心的形式陈述你的心愿，从而克服种种恐惧。

如果此时你仍然不知道自己想要什么，问问自己是否知道不想要什么，然后写下具有积极意义的相反内容。

第二步：重点

优先考虑的是什么？

> 凡事都要得体、井然有序。
>
> 《圣经·哥林多前书》
>
> （*Corinthians* 14:40）
>
> 最重要的事情决不能受到最不重要事情的控制。
>
> 歌德
>
> （Goethe）

第一步用右脑思考，让你进入梦境，从而创造出对未来的憧憬。第二步，开动左脑，确定哪一个目标最重要。

通常人们会说，他们想要的所有目标都一样，都非常重要；这很可能是真的。不过这种说法带有情感色彩，而此处要讲的内容涉及逻辑事理。经验表明，从战略上讲，总有一个目标在实现时会有助于其他目标的实现。

比如下面这个简单的示例也许是你的目标：

◆ 度过梦寐以求的假期。

◆ 在工作中获得晋升。

◆ 搬进一个更大的住宅。

在本例中，晋升是主要目标，因为它的实现将提供有助于实现其他两个目标的资源。以上只是一个示例，每个人心中的优先顺序略有不同，但它代表了第二个步骤的本质特点。

另一个常见的示例来自我向学生传授目标规划技巧的过程。他们意识到教育是他们的主要目标，因为这可以帮助他们获得理想的工作和他们想要的生活方式。

问问你自己："先实现我的哪个目标必然有助于我实现其他目标？"一旦你决定了，运用左脑目标图纸模板或在线工具，把你的目标写在标有主要目标的中心框中。最多使用10个词，使你的目标符合展现自我的基本规律，用积极的个性化现在时态书写。

现在就这样做

触及目标的本质是一种能力。废话连篇则没有任何智慧，尽量用较少的词语把你的目标明确陈述出来，这样你就能够把握个人心愿的核心要点，更好地将其转化为思想、行为的

> 一旦你对自己的头等大事，比如价值观、人生目标和影响大的活动有了清晰了解，就应该围绕它们安排所有一切。
>
> 史蒂芬•柯维
>
> Stephen Covey

> 我们要么找出一条路，要么闯出一条路。
>
> 汉尼拔

激励因素。

现在从本书第 138 页你所写的内容中再选择 4 个目标。理想情况下，为了达到平衡，最好选择一个涵盖生活不同领域的目标，比如健康、财富、冒险、工作或家庭。将这 4 个目标放在主要目标两侧的 4 个方框里。同以前一样，用积极的个性化现在时态书写目标，每个目标最多用 10 个字，如目标图所示。

你可以有自己想要的特定目标。我只是出于传授目标规划法的缘故，将目标限制在 5 个。后面的章节会讲述如何将其他目标添加到现有目标图中，以及如何创建针对不同生活领域的特定目标图。

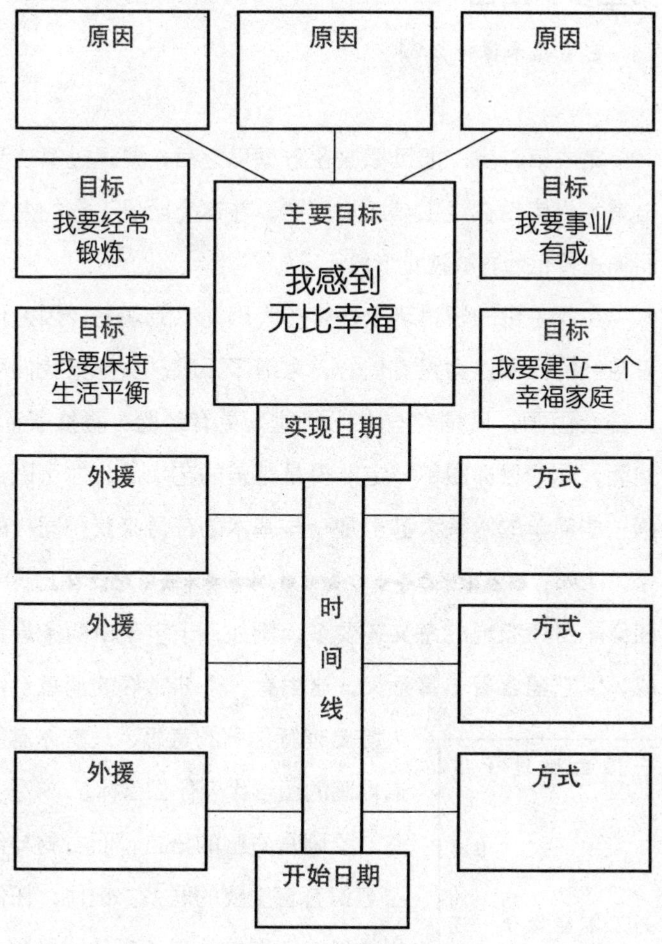

原因
原因
原因
目标
我要经常锻炼
主要目标
我感到无比幸福
目标
我要事业有成
目标
我要保持生活平衡
目标
我要建立一个幸福家庭
实现日期
外援
方式
外援
时间线
方式
外援
方式
开始日期

第三步：画图

它看起来像什么？

完成第二步，把目标放在方框里之后，要通过第三步画出来，或使用在线工具添加图像。在这个阶段，你的左脑书面陈述转化为右脑视觉形象。

在我主讲的研讨班上，有些人因此感到尴尬，因为他们对自己的绘画能力没有信心，束缚了手脚。实际上我们所有人都会画画，只是有些人比其他人更有经验、更擅长而已。然而，你的目标图不一定非得是精美的艺术品。你可以通过画一些简单的木头人甚至是一些基本的符号来获得同样的效果，比如：❁▲❄❊✡✤✦✧★✳✹ ✱✺✸✶✯⊞ ✾✿❃。符号比图像本身所表现的意义还要多。例如，十字架由两条直线组成，但它蕴含着丰富意义。这里有一个非常好的消息：没有人需要理解你画的意思，只有你需要知道你画的图形代表什么目标。

> 一幅画胜过千言万语。
>
> 佚名
>
> 如果不能做梦，还不如死了好。
>
> 乔治·福尔曼（George Foreman）

绘画是右脑的语言，而右脑与你的潜意识有着主要的联系。记住，任何类型的确定意图的效果，都是让目标在潜意识中“登记注册”。正是由于这个原因，使用图像至关重要。

目标图的作用通过使用对你具有强烈意义的图像得到增强。请不要使用无意义的剪贴画或从杂志上剪下的图片，除非它们对你真的有意义，能产生强烈感觉，从而以一种强有力的方式刺激你的大脑。如果你打算在网上创建目标图，我建议你首先使用任何给人感觉良好、流畅优美的图像，然后搜索真正具有强烈效果的图像，逐渐用它们更新你的目标示意图。用在线工具很容易做到这一点，你的目标图可以逐渐变得更加生动丰富。

如果你要在纸上创建自己的目标图，现在就开始在你的右脑目标图模板（从 www.goalmapping.com 下载）的中心位置画一张主要目标的示意图或符号。如果你愿意的话，可以使用一张空白纸或卡片，但一定要在页面顶部和底部留有足够的空间，以便写出目标图的其他各个步骤。

> 有些人看到事物的本来面目，就问为什么。
>
> 我梦见了从未有过的东西，但我问为什么没有？
>
> 乔治·伯纳德·萧
>
> （George Bernard Shaw）

下一步，在主要目标两侧的分支上画出你的子目标。你可能想一开始用铅笔作画，但在完成的版本中尽可能多使用颜色，因为颜色可以有效刺激右脑，产生强烈的感情共鸣。

纵观历史，社会真正根本性的变化并非来自政府的指令和战争的结果，而是通过大量的人改变他们的想法——有时只是改变一点点……通过刻意改变对现实的内在看法，人们可以改变世界。也许人类思维的唯一极限就是我们相信的极限。

威利斯·哈曼（Willis Harman）

《全球思维变化》（*Global Mind Change*）

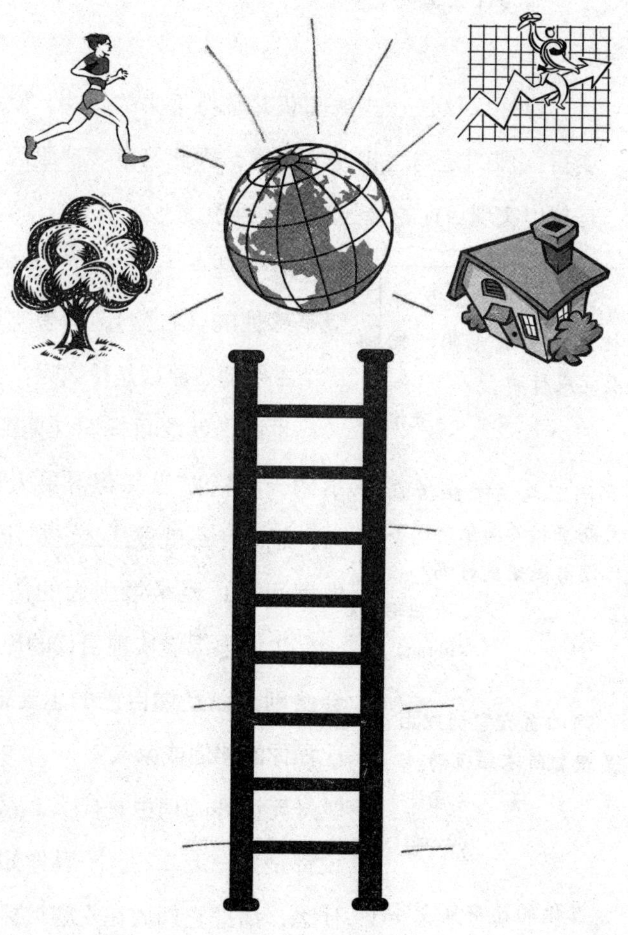

第四步：原因

你为什么需要它？

目标仅仅是一些被捕获并坚持下去的想法。使一个想法变得强烈的是与之相连的情感，因此第四步“原因”的重点是找出实现目标的最强烈情感原因。

> 没有情感，就不可能把黑暗变成光明，把冷漠变成行动。
>
> 卡尔·荣格
>
> 渴望改变并生活在对更高事物的渴望中，不是比没有渴望更好吗？
>
> 纪伯伦（Gibran）
>
> 内心自有它的理由，这是理智所不知道的。
>
> 帕斯卡（Pascal）
>
> 当你的愿望足够强烈时，你就会拥有超人的力量去实现它。
>
> 拿破仑·希尔

需求是合乎逻辑的（左脑），但愿望是感性的（右脑）。你想实现目标的三个主要情感原因是什么呢？

也许，就像目标图（见图5）中的示例一样，你想要获得更大程度的自由：想做什么就做什么，想什么时候去做都可以；爱是最强大的情感动力之一，也许你渴望实现目标的原因是它们会给别人以及你自己的生活带来变化，比如你的伴侣或家人。

无论你的理由是什么，它们对你来说都是独一无二的。一旦你知道理由是什么，请把它们放在左脑目标模板图顶端的三个方框里，然后像以前一样，运用图片或符号以及大量的颜色，在右脑目标模板图最顶端的三条线上将你的理由画出来。

如果你发现自己在这一点上进展不顺，则应花点时间重新想一想你对于实现目标怀有的理想生活愿景。注意它给你带来的感受。

也许需要一段时间你才能弄清楚你最强烈的情绪激励原因，但这确实值得花费时间深入了解，因为当你拥有足够强大的理由时，你几乎可以做成任何事情。

左脑目标模板图

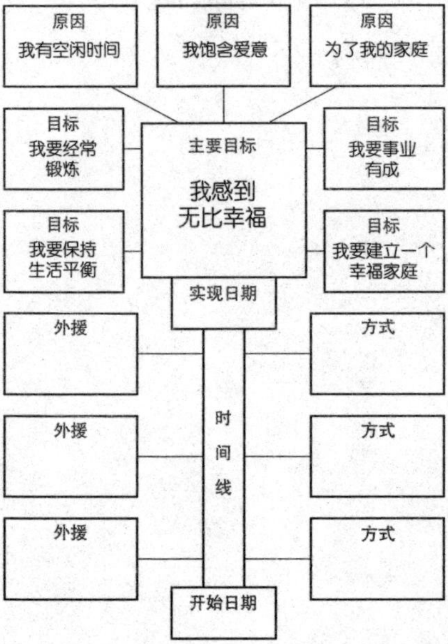

原因
我有空闲时间

原因
我饱含爱意

原因
为了我的家庭

目标
我要经常
锻炼

主要目标

我感到
无比幸福

目标
我要事业
有成

目标
我要保持
生活平衡

目标
我要建立一个
幸福家庭

实现日期

外援

方式

时
间
线

外援

方式

外援

方式

开始日期

右脑目标模板图

图 5　目标图

第五步：时间

你什么时候需要它？

到目前为止，你所采取的步骤已经使你的左脑和右脑同时工作。你从做梦与激活右脑起步，然后遵循“顺序”这一步，运用左脑，接着再回到用右脑画图和“为什么”这两个步骤。在实施第五步“时间”的过程中，需要运用大脑的左右两侧为你的主要目标选择一个完成日期。

> 时间是我们最宝贵的财富，但我们往往会浪费它，扼杀它，花费它，而不是为它投资。
>
> 吉姆·罗恩
>
> 人间世事潮起潮落，冒险弄潮可以兴隆发达；若无潮起潮落，一生的航程就会在浅滩和苦难中度过。
>
> 威廉·莎士比亚
>
> 如果不是你，那会是谁？
>
> 如果不是现在，那会是什么时候？
>
> 希勒尔

生活中有太多的不确定因素，所以你只能用左脑来确定一个成功的日期，因为我们谁也不能确定未来会出现什么情况。在评估一个合理日期后，启用右脑，看看是否感觉合适。

密切关注主要目标的实现日期，因为它的实现有助于其他目标的实现。一旦确定了让你满意的日期，把它写在主要目标下面的小方框里。现在就把今天的日期写在页面底部的小方框里。

两个填写时间的方框之间的平行线现在充当目标图的主干，你可以在上面写出第六步“方式”和第七步“外援”的内容。目标图的主干部分也是你的开始日期和实现日期之间的时间线。许多人认为，将这个时间线分成若干相等的部分是有益的，这些相等部分代表了实现目标的日、周、月或年。一定要把日期写下来。

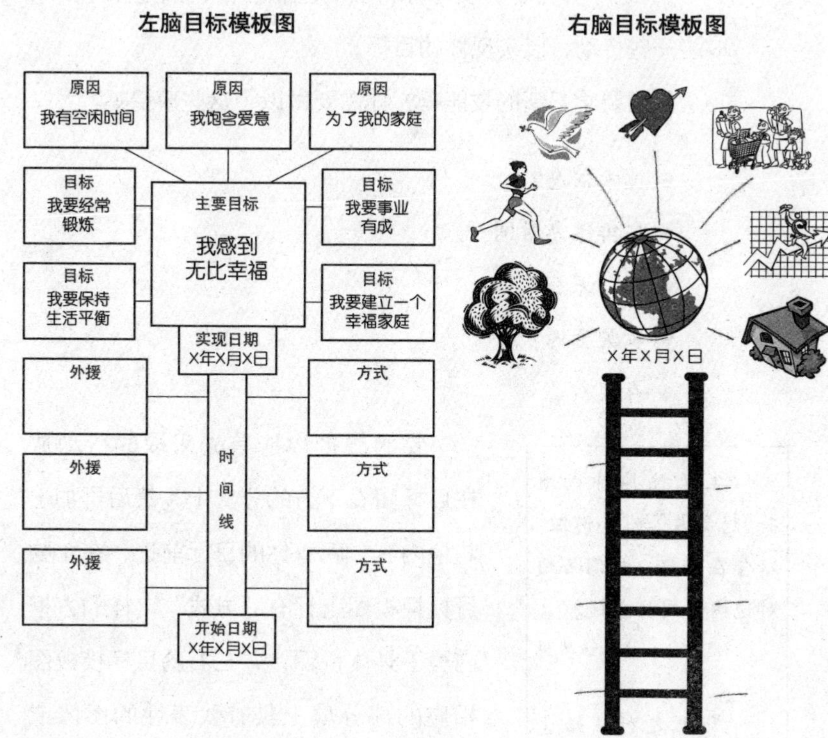
左脑目标模板图
原因
我有空闲时间
原因
我饱含爱意
原因
为了我的家庭
目标
我要经常
锻炼
主要目标
我感到
无比幸福
目标
我要事业
有成
目标
我要保持
生活平衡
目标
我要建立一个
幸福家庭
实现日期
X年X月X日
外援
方式
外援
时
间
线
方式
外援
方式
开始日期
X年X月X日
右脑目标模板图
X年X月X日
X年X月X日

第六步：方式

你怎样实现它？

第六步“方式”，要求你再次与左脑合作，确定你需要采取的一些行动，以实现你的目标。

你需要学习新的技能吗？你需要做以下这些事情吗？

- 搜索信息？
- 安排休息时间？
- 预订课程？
- 收集资源？
- 存钱？

> 生活独具特色地将“想要做”与“如何做”融合在一起，我们必须对这两者同样重视。
>
> 吉姆·罗恩
>
> 千里之行，始于足下。
>
> 老子

要始终把你能首先采取的行动放在目标图右下方的分支上，然后再加上其他内容，朝着你的目标前进。在左脑目标模板图上标有“方式”字样的方框内写下具体说明，并在右脑目标模板图相应的部分填上具有代表性的图像或符号。

目标规划模板仅用于记录你要采取的三个主要行动或措施。下一章解释如何添加越来越多的详细信息。

左脑目标模板图

右脑目标模板图

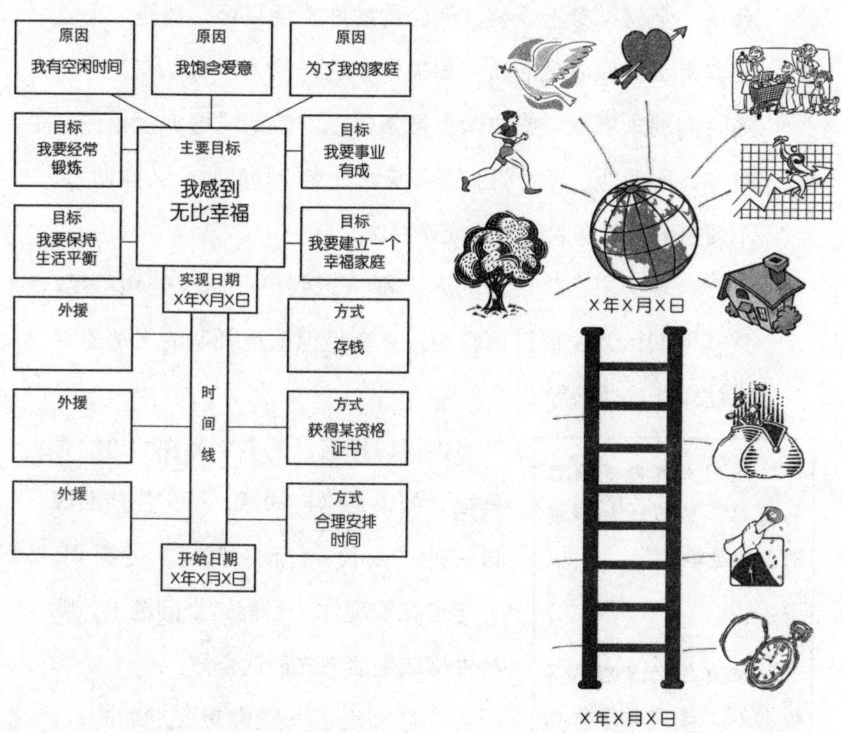

第七步：外援

你需要谁的帮助？

目标规划过程的最后一步是“外援”。你需要谁的帮助才能实现你的目标？多数目标需要别人的建议或帮助。也许你会从一个榜样身上受益，他会帮助你实现目标，他是一个已经取得了类似成就的人。如果你和这样的人没有私交，也可随时向别人求教，或在网上搜索信息。教练或培训师也许会对你有所帮助；有时朋友或亲戚通过支持和鼓励会为你助力。不要害怕寻求别人的帮助或建议。

纵观历史，最成功的人士都认识到自己的长处和不足，并从他们认为比自己更聪明、更有见识或更开明的人那里寻求建议和定期指导。

> 先用火炬照亮自己的道路，然后才能照亮别人的道路。
>
> 佚名
>
> 把自己的梦想展现给别人，这需要很大的勇气。
>
> 厄玛·勃姆贝克（Erma Bombeck）

你可以把自己的名字写在两边的方框里。如果是这样的话，请记住前面探讨过的“成长－行动－拥有”的原则，并考虑在实现你的目标这个问题上，哪种性格或生活方式最适合你。

一旦确定了一些你想要求助的人，或者一些你自己必备的性格特征，把这些内容写在左脑目标图上标明外援的方框里，然后在右脑目标图的相应位置画出示意图或符号。把你需要的外援或品质名称放在从中受益的技能或行为对面的位置上。

如果你需要特别的建议或信息，但不知道该去问谁，可以画一个代表该建议的示意图、符号或写出一个关键词，并相信你的潜意识在适当的时候把信息传递给你。

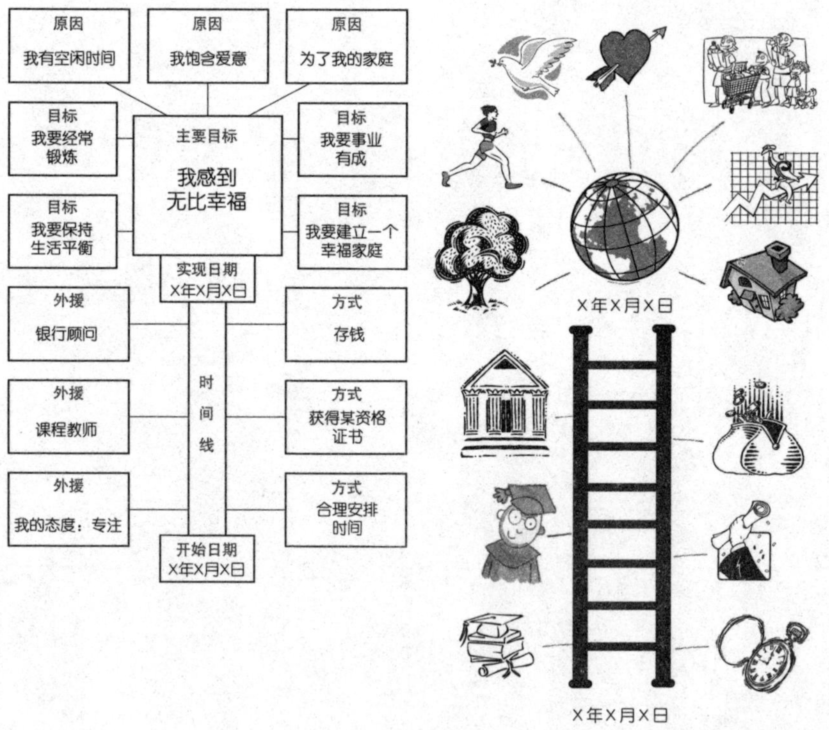
左脑目标模板图
原因
我有空闲时间
原因
我饱含爱意
原因
为了我的家庭
目标
我要经常
锻炼
主要目标
我感到
无比幸福
目标
我要事业
有成
目标
我要保持
生活平衡
目标
我要建立一个
幸福家庭
实现日期
X年X月X日
外援
银行顾问
方式
存钱
时
间
线
外援
课程教师
方式
获得某资格
证书
外援
我的态度：专注
方式
合理安排
时间
开始日期
X年X月X日
右脑目标模板图
X年X月X日
X年X月X日

· 第七章 ·

增强目标图的效果

在你目前的状态和选择的理想状态之间，是达到目标的过渡状态。理想状态是通过运用常规有效的方法，或者通过如下循规蹈矩的方式实现的：写下它，看到它，说出它，感觉它，相信并实现它。

祝贺你，你几乎已经到了创建第一个目标图的终点，它代表着你选择的新生活的开端。在绘制目标图的过程中，你为自己的未来创造出一个颇具吸引力的崭新思想形态。你通过如下方式实现了上述新突破：集中注意力，想象着代表左脑陈述的右脑图像，努力整理成文，写在纸上并画出你的目标图。这些活动一起帮助你集中注意力，为潜意识和超意识创造一个新的支配性思维指令。这个新的主导思想犹如一个太空舱，装载着你对未来的憧憬，或者说是你今天播下的未

> 当你深入探究“成功”这个词的词根时，你会发现它仅仅意味着坚持到底。
>
> F. W. 尼科尔
> (F. W.Nichol)

> 人所种下的，也必被收割。
>
> 《圣经·加拉太书》
> (*Galatians* 6:7)

来种子。重要的是一定要继续培育种子，让潜意识与你一起成长，让超意识越来越吸引它。

本章着重阐述目标规划惯例：你可以采取许多其他的步骤，因为这有助于你提高目标规划的成效，增强你展现心愿的力度。记住，你越是将新思想的能量提升到高于任何以往的限制性信念和自我怀疑的程度，你的潜意识就越能更快地实现你的目标。

写下目标：做出承诺

对自己做出承诺。

> 要想赢，你必须留在比赛中。
>
> 克劳德·M. 布里斯托尔
> (Claude M.Bristol)

> 决心可以唤醒人的意志。
>
> 安东尼·罗宾斯

为了完成你的目标图并进一步增强自己的实力，剩下要做的是写下它。你的文字是承诺的标志，就像重要文件要求签字一样。你要遵守诺言，这是公认的做法。

你的目标图可能是你签署过的最重要文件之一，所以要充满热情地签署它。当你这样做的时候，要保证信守诺言，采取必要行动来追求、实现你的目标。

承诺

对自己保持真诚。

承诺的定义有很多种，一位名叫乔治•扎鲁基（George Zaluki）的演讲者给承诺下的定义是我最喜欢的。他说："真正的承诺是做你说过要做的事情，而你说这话时的心境早已消失了。"

所以很多人都表示保证信守诺言，在当时那一刻，他们确实是认真的；但在那之后，无论出于什么原因，他们的感觉都不一样了。他们的承诺不再是头等大事，而且他们常常违背自己的承诺。

对自己和他人信守诺言，是建立自尊和产生更大自信的一个重要方面。这是你生活中真正的力量。这样做能建立信任，受人尊重，并产生协同效应。

美国总统林肯的奋斗历程：

31岁时生意失败。

32岁时在一场竞选中被击败。

34岁时在商业上又遭失败。

35岁时失去了爱人。

36岁时精神崩溃。

38岁时输掉了一场竞选。

43岁时输掉了国会竞选。

46岁时输掉了国会竞选。

48岁时输掉了国会竞选。

55岁时输掉了参议员竞选。

56岁时成为副总统的努力失败了。

58岁时输掉了参议员竞选。

60岁时当选为美国总统。

最强大的人莫过于言行一致的人。相反，有些人说了很多，但很少采取一致行动，这样的人最使人失望。

持久的承诺

成就的黏合剂。

虽然我一直都知道，在某种程度上能够行动并信守承诺非常重要，但实际上在过去几年里，我发现这确实相当困难。

当我试图改变根深蒂固的习惯时，尤其明显。有时候习惯同身体有关，比如吸烟；有时候同精神或情绪有关，比如发脾气或者悲观失望。我会告诉自己今后不再做那件事了，或者不再那样处事，这是最后一次。但几天后，我还会那样做。

我越是对自己不守信用，情况就变得越糟，我甚至软弱到了这种程度：上午做出承诺，当天下午就食言。有时我觉得自己很难做出任何承诺。

> 知道自己为什么而活的人几乎能够忍受一切。
>
> 弗里德里希·尼采
>
> 命运取决于你抉择的时刻。
>
> 安东尼·罗宾斯

然而，你越是坚持做某事、质疑自己，你就越能够增强意识。对自己的了解得越多，决心也越大。我相信，其中很关键一点是继续对生活中的小事做出承诺。这样做，你会锻炼承诺的“肌肉”，逐渐让它变得强壮。反过来，这有助于你对改变生活真正信守承诺。以下是一些帮助你磨炼承诺“肌肉”的其他一些关键要素：

- 你有一个超越自己的理由，一个更深层次的信念。
- 你知道挫折和失败是学习经验、获得成功的一部分。
- 你首先要意识到做出承诺的原因。
- 你要有勇气把承诺公之于众，对别人食言通常比对自己食言难得多。
- 你知道承诺不是一次性的，而是一个持续不断的时时刻刻的选择。

做出选择

最后一点，承诺是一个持续的选择。从前我深信相反的理念，我曾经认为承诺是一次性的孤立行为。

在现实中，你做出承诺并对自己或其他人信守承诺的方式，就是不断地选择这样做：每天，每时每刻，每次你都有机会违背承诺，做出不同的选择。真正的承诺是一个持续过程，而不是偶然的。

我发现，这种看待承诺的新方式有一个很大益处：如果我真的违背了诺言，做了我发誓不会做的事，我可以很快再次承诺，回到正轨。我会积极看待自己坚守承诺的时间，不管这段时间有多长；我会告诉自己，下一次承诺，我可以坚持更长时间。通过这种方式，我的承诺每次都变得更加坚定，直到我最终能够克服我所面临的任何挑战，坚守初心，而无须不断刻意做出努力。

我过去那种不成功的承诺方式则完全相反。我把承诺视为一次性的行为，一旦失去，就结束了。这意味着当我失手时，我的态度变得更糟："哦，好吧，那再去努力还有什么意义呢？我现在已经做过了，还不如再抽一支烟，甚至整包香烟。"不知不觉之间，我的努力劲头持续下滑，直接恢复了原来的习惯。

> 人类拥有的最大力量是选择的力量。选择毫无例外地坚持下去，将你的梦想坚守到底，即使面对疲惫、拒绝和不确定也决不放弃。
>
> 安迪·安德鲁斯（Andy Andrews）
>
> 我们必须先养成习惯，然后习惯会造就我们。
>
> 约翰·德莱登（John Dryden）

如果你和我一样，一直在努力做出承诺或信守诺言，也许可以尝试将那些你认为很难的承诺更多地当成一种游戏。

只要不损害你的健康或任何人，并且真正为你自己的最高利益着想，放松一点，练习向自己许下承诺；只要一小时、一天、一周或一个月，无论感觉如何，都要坚持下去，看看这样做是否对你有益处。这样你就会逐渐养成积极的思维习惯。

有些人认为这是一种“逃避”。在我主讲的研讨班上有人曾经抗议说，如果采取这种方法，就会变得太软弱，每次都会让自己摆脱困境，继续做一些他知道自己应该改变的事情。

我从各种各样的人那里听过很多次这样的话，这也是我从过去的经验中认识到的。但是我明白，你并不是靠殴打自己来取得进步，这只会降低你的自尊，并随之降低你的承诺和坚守的能力。此外，至关重要的是，时刻留意在这里起作用的基本原则：凡是我们抵制的，都会长期存在下去。

如果你在很大程度上放不下，或者在情感上难以割舍你想要抵制的事情（例如：吸烟、赌博或喝酒），那么抵制行为会强化你的注意力和依恋感——这意味着你将催生或吸引更多你想要抵制的事情。抵触和吸引的冲突能量造成一个消耗性的螺旋式下降趋势，而失败的想法则导致自尊越来越低，进而降低了坚持的能力。

> 接受你自己的一切——我说的是一切。
>
> 你就是你，这是开始和结局——没有道歉，没有遗憾。
>
> 克拉克·穆斯塔卡斯
> (Clark Moustakas)
>
> 雨滴不断落，云石也磨穿。
>
> 威廉·莎士比亚

螺旋式向上趋势

你对自己说的话是最强的约束。

与上述不同的是，每次你成功地守信于自己，即使只有一个小时，也能锻炼自己的“承诺肌肉”，使你的自尊不断得到增强。

要明白，这不是某一天的承诺，而是只持续一个小时。当你承诺了一个小时，并且坚持了一个小时，这个方法就奏效了。

每次你成功地做到这一点，就会锻炼你的承诺能力，变得更强大。然后，选择做出另一个承诺，磨炼一下自己，稍微加大承诺力度。例如，如果你对一个小时感到满意，不妨试着坚持两个小时；如果对两个小时感到满意，可延长到三个小时，或者一整天，一周，一个月。通过这种方式，逐渐强化你的承诺能力，建立自尊，练就牢不可破的钢铁意志。

看到目标：心怀愿景

时刻想着目标图。

能够做出承诺并坚守承诺，对实现你的目标至关重要，因为它们的实现总是意味着付出某种代价，无论是时间、精力还是资源，目标越大，付出的代价也越大。然而，正如另一位伟大的演讲者吉姆·罗恩所言：“如果承诺明确，人们愿意付出代价。但如果承诺不明确，代价总是太高。”

当你意识到自己对未来的憧憬，特别是想要知晓它的原因时，你会信守对自己的承诺，为追求自己的目标付出一切必要代价。如果你在自我怀疑的迷雾中看不到梦想，任何努力的代价都会显得太高，你的承诺则逐渐削弱，最后可能会食言。

> 胜利者永不放弃，放弃者永不胜利。
>
> 佚名
>
> 没有愿景的地方，人民就会灭亡。
>
> 《圣经·箴言》
>
> (*Proverbs* 29:18)

每天查看你的目标图，这有助于你保持对最重要事项的持续关注。经常查看目标图也是重新对自己承诺的实际行动的一部分，这表明了你的自信以及对目标的坚定决心。

我的许多目标图都传到了网上，我把它们作为屏幕保护程序放在手机上，使我能够时刻关注它们。不过，我有时也把它们打印出来，这样我就可以在上面签名，把它们放在我能经常看到的地方。由于我经常离家在外，我打印了一份主要目标图，把它贴在笔记本上。这些年来，我最喜欢的目标图重点内容一直贴在我的卧室墙壁或冰箱门上，这些都是很重要的地方，因为我可以在晚上睡觉前看一眼，然后在早上醒来时再看一眼。这是回顾目标的黄金时间，因为此时你的大脑处于最易接受事物的状态，这称为阿尔法节奏（Alpha Rhythm）。

阿尔法节奏

你的大脑在一天中的不同时间点，以不同频率的振动或节奏运作。早上起床后第一件事，晚上睡前最后一件事，你的大脑都处在阿尔法节奏上。据估计，在这种精神状态下，你与潜意识的联系是中午时的100倍。阿尔法节奏是你在冥想或催眠时进入的精神状态，它是一种心理状态，在这种心理状态下，你能最大限度地治愈自己，学习收获最大，拥有最好的想法或直觉。你在早上起床后第一件事是自然进入这个状态，晚上睡前最后一件事也是如此。

> 能力平庸的人有时因为不知何时停下来而大获成功。大多数人成功是因为他们决心要成功。
>
> 乔治•E. 艾伦
> (George E.Allen)
>
> 重要的不是你做了多少，而是你在做的过程中倾注了多少爱。
>
> 特蕾莎修女

当你处于阿尔法节奏中，只要花点时间看一下你的目标图，便可消除任何自我怀疑，加强你对潜意识的目标控制，同时提醒你有意识地选择了什么。这是目标规划中一个非常重要的环节，能给那些养成这个习惯的人带来巨大回报。

在与大型组织合作的培训工作中，我举办了一个由四部分组成的研讨班，名为“个人领导力计划”。这个活动的主题是：真正的个人领导力不在于你做什么，而在于你选择成为什么样的人，比如有动力、有决心的人。这对你所做的事情、所得到的结果具有极大影响。

我的研讨班的课程为期4天，通常每隔3个月安排一次，目标规划是基本内容。在第一次研讨会结束时，每个人都会带着一张完整的目标图离开。我最后提出的建议是，每个人都应该把目标图放在自己每天都能看到并审视几分钟的地方。3个月后，当我们再次聚在一起时，我总能分辨出学员中哪些人一直在跟踪并定期查看他们的目标图，因为他们是那些面带笑容、把目标图摆放在眼前的人。他们迫不及待地告诉我，自从上次分别以来他们都取得了哪些成绩。

相比之下，我从大多数其他人那里听到的故事通常是，他们在结束上一次课程时感到有动力，深受鼓舞。但由于生活中的某种压力或危机，他们不再接触目标图，没有了积极情感和良好愿望，又回到了过去的消极习惯模式上。

当我问他们是否按要求查看目标图时，我发现他们很少这样做。他们甚至不知道目标图放在了哪里。他们的回答五花八门，例如“我太忙了”“我想它可能在抽屉后面”“我把它弄丢了”，还包括我最爱听的说辞“让狗吃了”。他们在结束第一次课程时，感觉自己的目标非常重要；但是他们没有继续强化这些目标，所以他们的

> 成功人士习惯于做失败者不愿做的事情。
>
> 艾德·佛曼
>
> （Ed Foreman）
>
> 行为发展成习惯，习惯发展成性格，性格伴随人的一生。
>
> 查尔斯·里德
>
> （Charles Reade）

注意力被其他事情分散了。

目标规划法确实很有效，但你必须亲自实践才行。你的目标图只是一种聚焦增加自然创造力的方式，但它确实需要你的投入，否则增加不了什么。每天看一次目标图可以极大地增强你的能量，将你展现自我的能力提升到一个更高层次上。

心怀愿景

我在这里推荐的一种实现心愿的方法，虽然不是什么新的时尚或心血来潮的做法。几千年来，世界各地的文化和几乎所有的宗教都在仪式中使用不同类型的意象、符号和恍惚状态来影响创造，有意识地表现自我。

印度的密宗教义将意象和象征作为仪式的核心手段，影响了许多其他文化和宗教。这些以自我进化和有意识创造为中心的教义，在很大程度上依赖于被称为延陀罗（Yantra）的象征性绘画和雕刻，它们是获取能量的视觉形象，用来保持和扩展意识。

> 成长的第一步是要有成长的愿望。
>
> 特蕾莎修女
>
> 我告诉你：你在你的世界里看到的一切都是受你本人思想影响的结果。
>
> 尼尔·唐纳德·沃尔什

古代密宗教义和现代量子物理学的一个重要共通思想是，所有的创造都是由处于不同振动状态的能量构成的。从完美宇宙平衡的中心点开始，能量以振动层的形式向外辐射，形成原子，原子又形成我们看到、感觉、品尝、听到和闻到的一切。一切事物都与其他事物相联系，并在其中有所反映。例如，每一种形式只是振动尺度上的一个点，因此有其相应的声音和颜色。

所有事物都与其他事物相联系的原则是几乎所有古代神秘教义的核心，并促成了使用符号表现教义的做法。

通过创造一个视觉形象或表现自己愿望的形式，你实际上掌握着这种力量。这好比为目标的力量创造一个模子使其定向壮大一样，如果你能在一个能量层次上看到一个橡子，你会观察到一股跃动的粒子流被吸引到橡子里，并被塑造成一棵巨大的橡树。运用同样的原则，你越是经常看你的目标图，想象你已经实现的心愿，你创造的能量就越大，你的心愿也更强烈，从而把你的目标展现出来。

说出目标：确认目标

确认你的目标图。

正如延陀罗是密宗教义中的一个能量符号，所以咒语相当于声音的一个等级。所有的思想都是能量的振动，但是思想一旦变成说出来的可以听到的声音，随即便提升到更强大的能量等级上。

如果绘制目标图保留了你的思想并产生最初的能量，那么查看或想象目标图，可进一步增加能量。接下来说出或确认你的目标，会使振动和能量变得更加强大。

通过反复以咒语的形式确认你的目标，即用带有个人色彩的积极现在时态大声说出你的目标，便能产生正能量。如果你在想象自己的目标图时这样做，就好像拥有你自己的个人能量模式或延陀罗一样，效果更强烈。在意识层面上，这种练习有助于你明确自己的目标，而在潜意识层面上，它强化了支配性的潜意识指令。在超意识层面上，它启用的是普适性的吸引定律。

感受目标：强化指令

感受未来。

目标图一旦完成，就会凝聚你的能量。每天密切关注目标图一次，同时大声确认你的目标，以此来提升你的潜意识能量。注意力转移到哪里，能量便跟随到哪里。因此你的目标图就变成了一个漏斗和过滤器，帮助你的创造能量延伸向宇宙。

本书第二章内容探讨了情感赋予思想和语言力量，为我们的行为增加能量的各种方式。无论通过图像还是文字表达，你的情绪都能够激发思维指令，增加你实现梦想的可能性。为进一步提升目标图的振动能量，增强你实现目标的能力，在看到目标图后要大声说出来，这样你就真的可以感觉到它。

练习在早上做的第一件事：给自己找一个安静的空间，即使那个空间只存在于你的脑海里，随即：

> 要快速有效地学习任何东西，你必须看到它，听到它，感受它。
>
> 托尼·斯托克威尔
>
> (Tony Stockwell)

> 能够驾驭自己的内心，控制自己的激情、欲望和恐惧的人，胜过国王。
>
> 约翰·米尔顿

- 看到它——花点时间想象自己实现了目标。
- 说出它——当你大声说出自己的目标时，感受一下如果你的目标已经实现了，你的生活会是什么样的。
- 感受它——把你的情绪带到当下。让你自己真正感受各种情绪和感觉。这样做，你便把未来的心愿统统归置于现在。

这是一个基本的过程，如同你重温过去的强烈记忆一样，只是这个过程是相反的。从现在开始，通过看到它、说出它、感受它来体验你选择的未来。

最后，通过调整呼吸把这三步合而为一：

- 先看目标示意图，然后像最初想象目标时那样吸气：用鼻子吸气，直达丹田；然后画出你的目标图，在你通过嘴慢慢地呼气时确认你的目标。

◆ 在目标图上为每个目标、原因和行动重复这个过程。用鼻子吸气，同时观察目标图上的每个点，然后再用嘴呼气的同时加以想象和确认。

初看起来也许有点奇怪，但是这个练习能够有效让你的大脑更深地进入阿尔法节奏；这意味着与你的潜意识建立更紧密的联系；它还可以帮助你保持专注和头脑清晰。每一轮呼吸中包含的10,000,000,000,000,000,000,000个原子，在被呼出到宇宙中之前，与你的心愿相协调，用你的个人能量进行编码，从而产生吸引力。

> 实践和思想可以逐渐造就许多艺术。
>
> 维吉尔

这种过程只需要几分钟，但有很多益处。它既能让人平静，又能让人放松，使你的注意力真正集中在你的目标上，使你的洞见越来越深刻。

相信目标：积极信念

表现出积极的信念。

在任何形式有待实现的目标中，树立自信是首要目标。你的自信程度等于你创造愿望的能力，完全相信自己，会产生全面的表现力。

按照上面提到的每个步骤，亲自体验目标规划过程——

重新承诺、想象、肯定与感受，你会自然而然地树立起自信心。为了保证坚持下去，对于上述过程我还要提出最后一个建议：展现出对自己的积极信念。积极信念，是你在专注于行动的过程中实际表现出的自信心。通过思想、言语和行动，我们创造了自己的世界。每次离开设定目标的地方，一定要采取某种形式的积极行动来展示你的自信心。

实现目标需要采取的大部分实际行动也许都需要一些时间来组织安排，但总有你随即就能做到的事情。开始打一些电话，安排与你选择求助的人见面或交谈，预订一些课程或订购一些信息。如果你已经在网上创建了自己的目标图，同其他人分享非常容易，而且这也会巩固你的承诺，因为你对自己表现出了满满信心。

挑战

为了强化目标，我采取的最佳措施之一就是准备好迎接 13 天的心理挑战。

挑战很简单：连续 13 天积极思考、感受与行动。只有连续 13 天才可以。如果你有一天停了下来，即使是在第 11 天或第 12 天，也必须从头再来。任何情况下，你都不能有超过一分钟的消极情绪。在那个时刻，你必须意识到你是消极的，必须设法调整为积极状态。

怎样去做呢？只需遵循我们已经讨论过的各种步骤，选择

> 坚定的信念能吸引事实，它们从地上的坑洞和墙上的裂缝中冒出来支持信念，远离疑惑。
>
> 芬利·彼得·邓恩
> (Finley Peter Dunne)
>
> 每天反复做的事情造就了我们，然后你会发现，优秀不是一种行为，而是一种习惯。
>
> 一旦揭示出运动原理，各种事情便接踵而至，源源不断。
>
> 亚里士多德
> (Aristotle)
>
> 摆在我们面前的任务是让消极和“我不行”的态度保持沉默，树立“我能行”的信心。
>
> 杰克·布莱克
> (Jack Black)

关注积极的方面。你已经确定并以目标图的形式记录了一些最积极的想法和感受。因此，如果你想接受挑战，只需不断想象自己设定的目标，就可以将你的消极状态转变为积极状态。

引起变化

当我的一位导师第一次向我提出迎接为期 13 天的挑战时，我的反应是我已经非常积极了，不需要去做。“很好，”我的导师说，“那这对你来说真的很容易。”

我要告诉你，一点也不容易。我觉得很难。我第一次尝试的时候，只做到了第 3 天，然后开始变得消极悲观。第二次尝试我坚持到了第 7 天。总的来说，我几经努力才做到连续 13 天成功。然而，从获得的积极效果来看，确实值得付出这样的努力。

连续 13 天进行某一行为，足以在精神、情感和身体上养成新的习惯。我完成了挑战，它彻底改变了我的视野、态度和行动；我再没有以同样的方式看待这个世界和我自己。

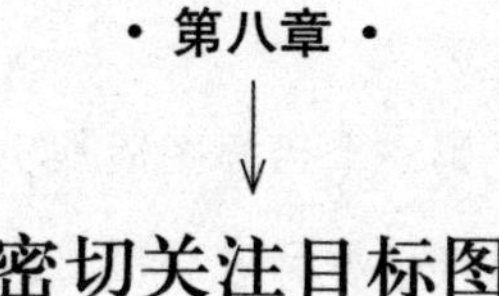

密切关注目标图

任何目标的实现都是一次旅程，沿途风景总会改变的。

生活充满活力，通往生活目标的道路必然持续地展开。当你自己亲自体验目标规划过程，实施各种步骤时，你的意识会不断发展到新的高度，为实现目标促成新的洞见和行动。

有时，这些洞见涉及相对较小的细节；有时，它们展现出更广泛的发展前景。有些人甚至意识到，他们追求的一些目标根本不是他们自己真正想要的，于是决定彻底改变这些目标。

无论你可能获得的洞见性质或深度如何，“有意识地指挥”潜意识精灵的基本原则也同样适用。因此，你需要捕捉任何新的信息或洞见，将它们综合运用到你的目标图中。

捕获灵感，扩展目标图内容

捕获灵感与扩展内容。

有些人在创建完第一个目标图后却决定重新做起，创建一个新的目标图。这种情况并不少见，因为创建目标图的过程能刺激整个大脑，进而带来新的想法和灵感。

创建目标图通常促使你采取新的行动，比如采用更明确的图像展现目标，或者增添一些其他目标、理由或行动。如果你觉得有动力重新绘制目标图，我强烈建议你跟着内心的感觉走，重新开始。这一过程在很多方面对你有益，尤其是这会将你的指令深深地嵌入你的潜意识当中。

我认为在网上创建目标图的效果更好，无论是上传现有的图像，还是从特定在线图书馆或互联网上下载图片。（如果你还不是会员，登陆 www.goalmapping.com 免费成为会员。）通过在线目标图，你可以轻松地添加新的见解和行动，甚至完全改变你的目标。在目标图上添加细节，就像是把你的梦想集中起来。不断添加新内容，实际上有助于保持目标图的活力，使其内容更加丰富多彩。

> 当内情或内幕没有被意识到时，它便以命运的形式表现出来。
>
> 卡尔·荣格
>
> 当我展望未来时，它光明得灼伤了我的眼睛。
>
> 奥普拉·温弗瑞（Oprah Winfrey）

如果你想继续采用纸质目标图，你仍然可以扩展你的现有示意图，只需在其侧面、底部或顶部附加另一张纸，然后增添图文内容。通过这种方式，你可以不断扩展目标图的内容，根据你不断增强的意识，灵活、全面地使图文内容日益丰富。

扩展你的目标图

添加内容：原因、目标或行动。

如果你想在目标图上添加另一个激励性的原因（一个“为什么”），只需用胶带或胶水把一张新纸贴在上面即可。然后，从围绕主要目标的圆圈上画一个分支添加到新页面上，以图像或符号表示新的原因。

为了确保左脑和右脑的平衡，也可在左脑目标模板图上添加另一个方框，或者在现有方框的旁边用文字说明新的激励原因。也可按同样的基本过程添加其他目标。把你的目标写在左脑目标模板图的方框里，如果需要的话，再添加一些纸张。然后在目标图的旁边贴上几张纸，从主目标或子目标上延伸出一个分支，并在新图上画出来。

通过这种方法，你还可以为目标图上的“方式”方框添加更多细节。每一个确定的行动本身都是一个小目标，只是比其他目标小，而且会更快得到优先关注。

未来不是我们要去的地方，而是我们要创造的地方。通往未来的道路不是被发现的，而是被开创出来的。开创道路的行动既改变了开路者，也改变了他们的目的地。

约翰•沙尔

（John Schaar）

学会看清事物的本来面目，而不是想当然地先入为主。

弗农•霍华德

（Vernon Howard）

人的行为很好地诠释了自己的思想。

约翰•洛克（John Lock）

凡是成就大事的人都有一个伟大的目标，都把目光集中在一个很高的目标上，这个目标有时似乎不可能实现。

奥里森•斯威特•马登

（Orison Sweft Marden）

在其他时候，你还会有一个事关“如何”成事的大行动，它需要分解成更多的细节，这些细节本身也是一个主要目标。这对于长期目标图尤其适用，因为在长期目标图中，主要行动或任务就是为了实现很大很复杂的主要目标，或者是长期的主要目标。

我有一个业务上的长期目标图，展现着我的愿景和目标，然后是我的本职工作所有不同领域的目标图，一直具体到各个项目。因为我知道很多事情都会改变，所以我也把目标图传到网上，打印出来贴在墙上，或者放在文件夹里。

在过去，我把它们画在一张大卡片上，所以有足够的空间来添加目标图的内容。我把时间线画得特别长，使其体现更多的行动方案；因为我的目标图是以大比例尺绘制的，可在旁边放置一个标准的日历式“年度计划表”。这样，表示“如何”成事的分支内容便可以在计划表上指向相关日期，这样一来我就能够为特定的行动安排时间。

一些使我实现5年愿景的行动本身也是很大的行动方案，我需要通过创建每个主要行动的小目标图，将它们分解为更易于管理的次级目标。这个过程真的焕发出了规划目标这个行动策略的活力，非常有助于保持大脑平衡。

把行动变成目标，把目标变成行动

> 做下一件事。
>
> 约翰·沃纳梅克
> (John Wanamaker)

把主要行动分解成目标图非常有用，这便于把主要目标的细节集中起来。要将一个动作（如何）转化为一个目标（何事），只需再次重复目标规划过程的关键步骤。这次只需专注于你选择的具体行动，创建一个新的目标图：它的次要目标应该是新的主要目标的各个环节。在线创建目标图，或按照下面的指示在纸上完成。

- 先把你选择的行动作为主要目标写在新的左脑目标模板图上。
- 接下来，在目标图旁边贴上一张新纸，将你想要实施的具体行动措施写在空白纸的中间。
- 在新分支的末端画一个圆圈，表示你的行动现在是一个目标。要把圆画得足够大，以便需要时在其中画图。
- 接下来添加每个实现日期、开始日期和时间线（主干），把日期连接在一起。

◆ 在左脑目标模板图框中写下有关内容，把体现行动新等级的图像添加到时间线右侧的分支上。

◆ 在方框中填写相关内容，适当的时候，将参与更深层次行动细节的人员姓名添加到目标图主干左侧的分支中。

右脑目标模板图

目标分形，可重复的成功模式

"分形"是一种自然形成的自相似图案，可重复多次。例如，一棵树的形状是分形的：折断一根树枝，把它竖立起来，它就长成了一棵小树；再折断一根较小的树枝，也能长成一棵小树，可以一遍又一遍地重复这个过程。分形是自然界告诉自己如何存在的一种方式。

同样，你的目标图也是一个分形图，一个通过遵循成功原则创建的重复模式。你可以继续向目标图的任何环节添加越来越多的细节。有些人甚至选择在底部加上"根"来表示他们已经取得的成就。添加的越多，定义的越多，创建的也越多。

> 化简为繁是司空见惯的现象；化繁为简，简单得令人敬畏，这就是创造。
>
> 查尔斯·明格斯
>
> (Charles Mingus)
>
> 目标的单一性是人生成功的主要要素之一，无论目标是什么。
>
> 约翰·D. 洛克菲勒

特定目标图

项目、家庭、健康和财富。

到目前为止，你已经在本书的引导下完成了创建"终生"目标图的过程，这个示意图涵盖了你生活中各个重要的核心领域。但是，你也可以为每个较大目标创建非常具体、重点突出的目标图。

各种各样的人和组织都在使用目标图，而且具体应用范围非常广泛。我将这种方法用于有限的目标上，比如写书或正在进行的活动，比如经营我的公司和搬家。

像许多人一样，我一生中搬过好几次家。在搬家的过程中，一开始我总是要创建一个目标图。我的搬家目标图详细描述了我想购买的住房应该具备的所有重要特点，以及为了买到住房应该采取什么措施。

搬家会是一个很有压力的过程，但我发现，通过创建一个目标图，实际上可以减轻很多压力。创建目标图有助于我确定在家里我看重的各个方面，比如明火和空间感；也有助于根据实际考虑的重要方面来平衡这些因素，比如方便旅行的地点和办公室空间。

除了涉及意识和潜意识的所有常见益处之外，目标图本身还是一种快速评估向我推荐的各种住房的好方法，只需按着我的目标图对照细节即可。然而，我还是在潜意识驱使下，一时冲动才找到我最终购买的住房。

当时我又花了一天的时间，在一片广阔的地段上看了几栋住房，但都感觉不对。我随手从地上捡起一张摊开的报纸——它就在我的眼皮底下。不过从报

> *最大的控制潜力往往存在于行动发生的地方。*
>
> 路易斯·A. 艾伦
>
> (Louis A.Allen)
>
> *人生的伟大终点不是知识，而是行动。*
>
> 奥尔德斯·赫胥黎
>
> (Aldous Huxley)

纸广告的图片上你永远不会猜到真实情况。那幢住房在报纸上看起来很差，它又暗又脏。但在内心深处，我本能地觉得那就是我要购买的住房。

几天后，我去看了那栋房子，发现里面有好几个地方确实很难看，而且有点破败失修。然而，它符合我在目标图上标出的一些重要方面。通过目标图，我能够看到那处房产的未来潜力，只要稍加修缮，它就会成为一个称心如意的家。

我的条件卖家接受了。于是我继续利用目标图帮助我完成建立新家要办的各种事情，比如安排抵押贷款，跟律师交代事情，雇人搬家。

一切进展顺利。在搬进来之后不久，我创建了另一个目标：这次我想做的事情是扩建、改建。这张新的"扩建、改建"目标图，不仅帮助我清醒地认识到我希望自己的家是什么样（作为启动这一过程的潜意识动力），而且还是一份概要说明，相当于安排协调建筑工作所需的各种措施，也可以说是"工作计划"。我发现可利用目标图检查首先需要做什么，由谁负责做，明确需要何时开工、何时完工，这非常有用。如果你需要计划一个项目或者想要为某件事情创建一个目标图，只需像以前一样遵循目标图的七个步骤即可，只是这一次你的注意力集中在主要的目标或项目上。

> 耐心和毅力有一种神奇的作用，在它们面前，困难与障碍云消雾散。
>
> 约翰·昆西·亚当斯
> (John Quincy Adams)

创建以项目为导向的目标图

第一步：梦想

放松身心，想象你的项目或目标已经实现了。想象一下它是什么样的，绕着它走一圈，看看所有的重要细节，然后把它们作为目标重点记在纸上，或传到网上。

第二步：重点

找出一个最能清晰体现项目的关键点或目标，将其作为确认的重点写在左脑模板的主要目标方框里，或传到网上。其他任何内容或目标均可写为子目标，通过提供更详细的信息为你的项目助一臂之力。

第三步：画图

按照右脑目标模板图的布局，根据常规的目标规划措施，画出表示主要目标和子目标的图案或符号（请参阅第六章“创建目标图”中的内容)。同样，如果你正在使用线上工具，可利用图库选择图片，使目标图得到图文并茂的效果。

> 成功永无止境。
>
> 温斯顿·丘吉尔
> (Winston Churchill)
>
> 在提供建议时，力争帮助而不是取悦你的朋友。
>
> 梭伦
> (Solon)

第四步：原因

通常，这一步涉及捕捉个人动机的原因。然而，当针对特定项目时，它可以用来确定实施该项目的各种益处，有时可能涉及整个团队。

第五、六、七步：时间、方式、外援

最后这几个步骤与目标规划的常规做法一样——只需在你的左脑目标模板图中写下时间、方式和求助对象的详细信息，然后为右脑目标模板图绘图。

适时调整，及时更新目标图

遵循目标规划图中的一系列步骤是个人成功的内在因素，这些步骤因此可运用于无数不同的场合。越来越多的专家采用了这一方法，通过认证来教授或指导这一技巧以帮助他人，而且常常因人制宜，灵活运用。

我在此建议使用在线目标图软件，创建聚焦于生活中各个重要领域的目标图，比如幸福感、自我价值感、健康安乐、财务、社会和精神等方面。它可以免费使用，并附带一个小时的重点目标规划视频课程，指导你在上述每个领域充电成功。（欲知详情，请登录 www.goalmapping.com。）

健康规划目标图

提醒自己注意健康。

我的良师益友布鲁娜•法拉利（Bruna Ferari）在意大利博洛尼亚（Bologna）山区的家里和度假地开办一些令人惊叹的研讨班，她是第一个向我指出目标规划是帮助人们实现身心健康绝佳工具的人。

现在许多人运用并传授目标规划技巧来满足各种健康和运动需求，通常的做法是创建一个目标图，重点是达到自身最高水平的活力与能量等级。这个过程反映出有助于你实现健康目标的各个方面，比如饮食计划、锻炼计划、自我意识、自我接纳和一般生活方式的改善。

第一步：梦想

实施目标规划法的梦想步骤，清楚了解对你个人而言，更高层次的健康生活是什么样：想象一下你会是什么样的人，你的生活会在哪些方面有所不同。

第二步：重点

这一步可使你确定健康生活的最重要方面，它往往使你感觉最为强烈。以肯定的形式将其作为你的主要目标写下来。（有关如何做到这一点的指导，请参阅第142页。）写下你对自己的健康前景的任何看法或要求，并将其画成你的次级目标。

第三步：绘图

这一步与目标图的第三个步骤相同。使用简单、清晰、色彩丰富的图像或符号来表示你的目标。

第四步：原因

这个阶段特别重要，因为确定激励

> 在这个世界上，没有什么优秀的品质可以同正确的生活分开。
>
> 大卫·斯塔·乔丹
> (David Starr Jordan)
>
> 你想做对的人，还是想快乐？原谅自己，不要再惩罚自己。
>
> 路易丝·L.海伊
> (Louise L.Hay)

原因能让你心明眼亮，更加注重自我价值，注重你的生活和生活的美，不知不觉促进你的治疗效果和福祉。

> 生活并不要求我们去做好事，它只要求我们在每一个经验层次上都付出最佳努力。
>
> 哈罗德·鲁普
> (Harold Roupp)

> 我从来没有穷过，只是破产了。贫穷是一种心态，破产只是暂时的状况。
>
> 迈克·托德
> (Mike Todd)

第五步：时间

有了这样一个目标，比如获得幸福，时间自然会持续下去。但是，仍然需要有一个开始日期和一个形成目标规划主干的时间线。

第六步：方式

目标图的右下方说明怎样做的方框里，将目标规划的主干部分同实施行动联系在一起。有时，这些行动会持续进行，比如听课或者参加小组活动。而另外一些时候，它们代表要着眼的阶段性目标，比如能穿某一尺码的衣服，达到理想体重，消耗掉更高的热量或达到某一活动水平。

第七步：外援

最后一步展示着你希望能帮助你的那些人的名字；或者在经常使用这种类型的重点目标图的情况下，可以看到你的那些有利于获得幸福感的性格与品质。

生活规划目标图

在运用目标规划方法创造更高水平的财富和富足生活时

（无论你渴望什么样的物质或精神生活形式），只要遵循上述相同的基本过程即可，只是这一次你的重点要放在创造富足的生活上。

第一步：梦想

想象一下你自己过着富足的生活，那会是什么样？

第二步：重点

你认为富足生活最重要的方面是什么？你的收入、你的生活水平，或者你对金钱的态度？把它作为主要目标写下来，任何其他方面都是次级目标。

第三步：绘图

使用简单、清晰和丰富多彩的图像创建目标图。

第四步：原因

用图文并茂的形式说明你追求富足生活的最强大动机。

第五步：时间

生活富足，就像健康一样，是一个持续的目标。然而，在你的旅程中，仍然会有一个开始日期、时间线和阶段性的日期来衡量你的富足程度和经济成就。

第六步：方式

确定你选择的财务自由策略，例如：减少债务、储蓄以及获得新的能力。

> 我不怕暴风雨，因为我正在学习如何驾船。
>
> 路易莎·梅·奥尔科特（Louisa May Alcott）
>
> 能力就是你能做什么，动机决定你做什么，态度决定你做得有多好。
>
> 卢·霍尔茨（Lou Holtz）

第七步：外援

确定你为获得富足生活所需要寻求帮助的人或性格、信仰与态度等品质。

习惯规划目标图

改变任何坏习惯，养成使你变得强大的好习惯，这个过程与计划实现任何其他类型目标的过程基本相同。同样的基本原则也适用于这一领域的目标规划。

第一步：梦想

想象一下你完全改掉了坏习惯。你感觉如何？你的行为看上去怎样？

第二步：重点

在主要目标框中写下摆脱坏习惯的确切内容，将任何新的行为、习惯或生活方式的改变列为次级目标。

第三步：绘图

运用清晰、丰富和引人注目的图像。

第四步：原因

所有的习惯，无论自毁性质多么严重，都有某种形式的情感回报。要使养成的新习惯给你同样强烈的感觉。

> 当你知道完全控制了自己的思维时，你就会认识到由此产生的力量。
>
> 米哈伊·斯特拉博（Mikhail Strabo）

第五步：时间

选择一个开始日期，至少留出21天的时间，让你的身体行为、思想和感觉养成新习惯。

第六步：方式

描述你克服坏习惯所采取的行动，例如上课、制订新常规，或者采取替代措施。

第七步：外援

你最重要的品质是什么？你想得到谁的帮助？家人、朋友、治疗师或者教练？

写完不同领域的目标规划图后，开始启动目标规划活动，每天至少一次想着目标图的内容。

你必须采取创新措施，淘汰旧有的模式。

巴克敏斯特·富勒

(Buckminster Fuller)

让别人知道他们的价值总是值得的。

马尔科姆·福布斯

(Malcolm Forbes)

不要仅仅为了超过同龄人或前辈而煞费苦心，要努力超越自己。

威廉·福克纳

(William Fulkner)

在业务上的应用

用目标规划法促进业务发展。

多年来，目标规划法以各种不同的方式服务于商界。其中最重要的是：

- 为一个组织、部门或团队创建愿景。
- 部门规划传达集体目标。
- 作为激励和实现绩效目标的辅助手段。
- 作为个人发展计划的现行框架。
- 作为指导团队成员的工具。

越来越多的公司运用目标规划法确立未来的愿景，通常这个过程能揭示业务计划中的不足之处。目标规划法可有效帮助公司引导变革，所以现在许多公司采用这种方法设定他们的核心目标。

人力资源团队通过在所有集体目标、会议陈述和员工个人发展中运用这种方法，逐渐将其融入企业文化中。世界上最大的通信公司之一已将目标规划法纳入入职培训中。新入职者创建一个目标图，说明他们打算在公司中取得什么成就，期望得到什么回报，描述他们计划的行动，以及他们在行动过程中需要谁的帮助。目标图副本由他们的经理保管，然后在季度考核时用于评估工作进度。

人们通常会养成对自己的目标负责的习惯。这样，目标规划可以用作一种标准的成就规划方法，一个普遍适用的成功框架。

在教育上的应用

通过目标规划培养小领导者。

知道自己能够实现人生目标并有意识地为自己开创新局面，这种感觉太美好了，简直无与伦比。应该及早了解这一点，就像知道你可以创造奇迹一样。目标规划让你对未来充满好奇，是一份受益终生的礼物，能以无数不同的方式不断使你从中受益。

能够树立并完成简单目标的孩子，必将成为懂得改变世界之乐趣的成年人。

艾尔夫妇
（The Eyres'）

凭借你喜欢做的事情而谋生的机会并不缺乏，缺乏的只是要这样做的决心。

韦恩·戴尔
（Wayne Dyer）

我认为，帮助孩子们理解目标和成功的本质是任何人都能做的一件最重要的事情。我们生活在一个瞬息万变的世界里，我们的孩子比以往任何时候都需要掌握实现目标的生活技能，这样才能在变化中乘风破浪，不断走向真正的成功。更重要的是，如果孩子没有意识到他们自己的思想、情感和行为之间的联系，以及这些对自己生活的影响，那么在他们长大成人后可能就不会为自己的问题承担责任，只会责怪别人，因为他们不相信自己有能力按照自己的选择创造自己的生活。

我在一个漂泊无定的艺人家庭中长大，接受的学校教育非常有限——不仅仅是因为我们随着游艺节需要经常搬家，还因为我有读写困难，学习对我来说非常困难。我选择在13岁时辍学，没有学历，读写又不好，但这是我的选择，我想遵循社区传统，全职从事家庭娱乐业的工作。我选择的是“终身教育”，虽然父母教给我很多关于生命和成功的道理，但直到30岁左右，我才真正学会如何有意识地努力取得“目标成就”。

许多孩子没有学过这重要的一课，他们长大后把自己的失败归咎于别人。作为成年人，他们不仅给自己和周围的人带来痛苦，也给他们的下一代带来痛苦。

通过学习积极思考的认知与有针对性的目标设定，使我克服了生活中的许多困难，尤其是学会了读写技能。正是在30岁的时候学会了阅读，才激励我成为一名培训师，并将个人发展技能传授给他人。我特别热衷于帮助孩子们了解目标成就的感召力量，并从中受到启发，为孩子们推出了特殊版本的目标规划对策《成功的七大法宝》(*The Seven Magic Keys for Success*)，目前已经惠及各个国家的一百多万在校学生和家庭学生。

> 真正的大师不是拥有最多学生的人，而是造就最多大师的人。真正的领导者不是拥有最多追随者的人，而是造就最多领导者的人。
>
> 尼尔·唐纳德·沃尔什
>
> 言善信，心善渊，与善仁。
>
> 老子
>
> 我不一定赢，但我肯定真诚。我未必成功，但我肯定不负众望。
>
> 亚伯拉罕·林肯

我写的故事书《神奇精灵山姆》(*Sam the Magic Genie*)进一步加强了家庭和学校的目标规划培训活动。这本书用简明的语言解释了积极思考的认知和成功原则，书中展现的智慧老少咸宜。

你可以登录 www.goalmapping.com/education，了解更多向儿童传授目标规划技能的内容，包括经过认证的目标规划培训计划。

掌握目标，与他人分享技能

1994年的一个深夜，我突然想到了目标图。我一直认为它是一份来自宇宙的礼物，并感到有责任也有兴致与他人分享。如果你觉得目标规划是你生命中的一份礼物，那么我想请你考虑成为一名“目标规划佼佼者”，并与他人分享这份礼物。掌握任何技能的最佳方法是将其分享并传授给其他人：朋友、家人或同事。我发现，只有当你向别人解释一些事情时，你才能真正了解自己对它的理解程度。

把目标规划这一礼物送给另一个人，无论老年人还是年轻人，帮助他们获得将思想转化为现实的魔力。作为一名“目标规划佼佼者”，你可以同别人共享免费的目标规划与解说信息，指导他们通过七个步骤创建自己的目标图，实现他们的梦想。这种小小的善举对别人来说是件好事，并且在这个过程中你会深化自己的理解。如果你希望以教练、教师、培训师或治疗师的专业身份向别人传授目标规划技能，可以注册经过认证的目标规划培训计划：www.goalmapping.com/share。

> 这条路又破旧又滑。我脚下没站稳，一只脚绊到了另一只脚。我在恢复了平衡后，对自己说：“这是滑倒，不是摔倒。”
>
> 亚伯拉罕·林肯

根据回馈与吸引的普遍法则，当你为别人做好事时，就像在池塘里扔石子一样，水面上的涟漪先是荡漾开来，随后总要返回，给你带来益处。

最后的思考

我最初开启个人发展之旅是为了改变个人生活中不喜欢的事情。早些时候，我从未完全意识到这意味着要改变我自己。我所选择的物质生活的每一步都需要我提高自己，并且努力做到最好。

个人发展，或者说将自我提升到另一个成功层次上，这是一个持续的过程。没有终点，只有方向感和前进的理由。我经常在前进的道路上跌倒，但我总是能找到返回并继续前进的道路。目标规划是你走向成功的一个宝贵的支持，我强烈建议你运用我提出的四套方法，并创建目标图，因为它们有助于协同工作，在你的生活中创造整体的成功格局。

充分利用你的目标图，珍惜它们。毕竟，它们反映出你的面貌以及你眼里的生活中的重要方面。密切关注，行动起来，努力实现；信守诺言，为自己争光争彩。愿这一过程所带来的日益增加的机会和自爱，让你实现所有的生活愿景，把你由衷的梦想变成美好而持久的现实。

> 我宁愿了解一些问题，也不愿知道所有的答案。
>
> 詹姆斯·瑟伯
> (James Thurber)

· 第九章 ·

总结：目标图对照检查表

你的未来是一场持续一生的冒险。要规划你最好的旅程。

这部分内容具有总结概括性质，目的是指导你快捷且轻松地重温各个要点，创建新的目标图。

生活在不断变化。你的旅程分为许多阶段。每6个月创建一个新的目标图，以此来保持勃勃生机，不断成长，即使你还没有完全实现以前的目标也不要紧。即便这意味着再次陈述相同的目标，也要创建另一个目标图。这样做的益处是：获得新的洞见，保持头脑清晰，不知不觉强化效果。此外，为你在生活中的特定领域正在开展的一些活动，创建特定的目标图。

> 当我们改变时，一切似乎都在改变。
>
> 亨利·阿米尔
>
> (Henri Amiel)
>
> 纯粹意义上的全神贯注，就是能够把注意力集中在一件事情上。
>
> 科马尔
>
> (Komar)

LIFT 七项原则

推出解决方案与核查目标。

下面的七个原则和问题可帮助你找到应对挑战的解决方案，明确目标，深入了解自己。

原则一：提高认识

你已经知道解决问题需要什么吗？你清楚想去哪里，要得到什么结果，想成为什么样的人吗？

原则二：发展可能性意识

你是否以审视可能性的开明态度，看待可能发生的事情、看待你的生活与你自己？还是根据过去的经验做出判断？

原则三：找到平衡

走你现在的道路，追求新机会或目标，这会增强还是削弱你在生活中达到的平衡状态？（如有必要，可以做第三章的生活平衡练习。）

原则四：有的放矢

这个解决方案、生活改变或自我发展会产生什么结果？它会让你接近还是远离你的目标？

原则五：积极反应

你是否有意识地对你面临的挑战、你的生活和自我做出积极反应？还是只做出被动反应？

原则六：保持积极的关注焦点

你的主导焦点是解决方案还是问题本身？是你想要的结果，还是你担心的事情？是你的“高姿态自我”，还是“低姿态自我”？

原则七：参与变化

谁能帮你找到解决办法，或者给你提供建议？你需要在自己身上寻找答案吗？

> 如果你想了解上山的路，就去问问在这条路上来回走的人。
>
> 泽林
> (Zerin)
>
> 最能给你的生活增添力量的莫过于把所有精力集中在有限的目标上。
>
> 奈都·库比恩
> (Nido Qubein)

七步骤创建目标图

一套简单的可持续成功的方法。

我建议你始终亲自实施目标图创建过程所需的七个步骤；即使你认为自己知道想要得到什么，花时间去做第一步仍然是有益的：梦想。

第一步：梦想——你想要什么？

放松身心，闭上眼睛，想象着有一个神奇的精灵听从你的指挥，帮助你实现每一个愿望。在理想的一天里散散步，按着自己的意愿看看你的生活和自我风貌。

第二步：重点——什么最重要？

记下你的任何想法、见解和目标。确定主要目标：最有助于实现其他目标的合理目标。用积极的个性化现在时态把主要目标写在中间的方框里，以示肯定，然后对其他目标也这样处理。

第三步：画图——它看起来像什么？

把右脑目标模板图放在左脑目标模板图旁边，画出代表各种目标的图像、图片和符号，尽可能使用鲜艳的颜色，或者使用在线程序中的图像库。

第四步：原因——你为什么想要它？

这项目标有什么益处？你想获得成功的主要原因是什么？当你憧憬着自己实现梦想时，内心有什么感觉？在目标图上用图文并茂的形式表现自己的感受。

第五步：时间——什么时候？

你想多快完成你的每个活动和目标？能够保证有足够的

时间吗？你觉得实现目标的日期合适吗？

第六步：方式——如何实现它？

为了完成特定项目、目标或者让生活发生变化，需要采取什么行动？你需要新知识、新技能或新习惯吗？以图文并茂的形式加以明示。

第七步：外援——你需要谁的帮助？

谁将对项目或目标的主要行动负责？为了走完这段旅程，你需要成为什么样的人？用图文并茂的形式展现人物的姓名或品质。

时刻关注目标图

遵循目标规划程序。

写下它

对自己和他人做出承诺、坚守承诺。

看到它

每天早上第一件事就是想象你的目标图。

说出来

当你想象的时候，大声说出你的目标，以示确认。

感受它

体验实现目标和梦想的感觉。

相信它

每天重复这个过程，建立自信心。

> 你是谁，说话这么大声，我听不见你在说什么。
>
> 拉尔夫·沃尔多·爱默生

关于作者

布莱恩·梅恩（Brian Mayne）是一位国际演说家、作家与教练，创建了一个收获成功的策略—目标规划法（Goal Mapping），通过简单的语言以及他本人深刻难忘的生活经验，与大家分享掌控个人领导力的各种原则。

布莱恩出生于流浪艺人家庭，小时候随家人四处漂泊，13 岁离开学校，没有受过正规教育，也不具备读写能力。20 世纪 80 年代末，当他的家庭演艺生意在英国经济衰退中终结时，他失去了一切：收入、家庭和婚姻。29 岁时，他负债累累，并且仍然没有读写能力。

就在这个看似人生低谷的时刻，布莱恩发现了成功的秘诀：你可以通过改变自己的认识和感受来改变自己的生活。布莱恩借助于简单有效的技巧学会了积极思考和设定目标的科学，并因此逐渐改变了他自己，也改变了个人生活。

作为一名成功的国际演说家，布莱恩用他独特的成功策略使全世界数十万人深受鼓舞，信心倍增。特别是目标规划法已帮助各行各业的人将梦想变成了现实。

布莱恩广受好评的各种著作、音频、视频和现场演说，以其清晰有效的特点赢得了全世界的赞誉，不仅帮助个人实现了自己的目标，也使西门子（Siemens）、微软（Microsoft）和英国电信（British Telecom）等领先企业受益匪浅。

布莱恩被首席执行官学院（Academy of Chief Excutives）评为2010年度演讲家，2005年获得英国国家培训奖（UK National Training Award），其著作有四本被译成多种语言。布莱恩比以往任何时候都更接近他的毕生目标，即用他的目标规划法帮助700万人提升生活境界，获得人生成功。

致　谢

衷心感谢这些年来在我的成长道路上帮助我的所有热心人，包括老师和学生，他们的名字不胜枚举。但是我特别感谢我的母亲，在我生命中最黑暗的日子里给予我关爱。